# A BUSCA

A busca


2ª edição: Dezembro 2024



**Autor:**
Jorge Gerdau

**Preparação de texto:**
3GB Consulting

**Revisão:**
Daniela Georgeto
Gabrielle Carvalho

**Projeto gráfico:**
Vitor Donofrio (Paladra Editorial)

**Capa:**
Rafael Brum

**Foto de capa:**
Rogério Fernandes

**DADOS INTERNACIONAIS DE CATALOGAÇÃO NA PUBLICAÇÃO (CIP)**

Gerdau, Jorge
A busca : os aprendizados de uma jornada de inquietações e realizações / Jorge Gerdau.
– Porto Alegre : Citadel, 2024.
176 p.

ISBN 978-65-5047-543-7

1. Empresários – Brasil – Biografia 2. Gerdau, Jorge – Biografia
3. Negócios I. Título

24-5145 CDD – 926.58

Angélica Ilacqua – Bibliotecária – CRB-8/7057

**Produção editorial e distribuição:**

CITADEL
Grupo Editorial
contato@citadel.com.br
www.citadel.com.br

JORGE GERDAU

# A BUSCA

## Os aprendizados de uma jornada de inquietações e realizações

CITADEL
Grupo Editorial
2024

# SUMÁRIO

# INTRODUÇÃO

Sinto uma profunda gratidão pela oportunidade de participar da construção do futuro. Essa é a mais importante herança que recebi dos meus pais, Curt e Helda.

Depois de muito tempo conversando com amigos e familiares, foi esse sentido de legado que me motivou a escrever um livro. Eu não tinha grandes pretensões nessa área, pelo constrangimento de parecer pretensioso, querer saber mais, saber melhor, querer ensinar ou impor minhas opiniões e visões. Mas a reflexão e os debates me possibilitaram encontrar uma justificativa razoável. Decidi transmitir um pouco da minha vida, da minha experiência e das minhas inquietações, organizadas em temas que pudessem ser úteis a quem os lesse, dentro da perspectiva de formação de propósitos, definições filosóficas de vida, decisões e aprendizados que a vida me trouxe e que penso ser o momento apropriado de compartilhar.

Por isso, se cada leitor aproveitar pelo menos uma ideia deste livro e utilizá-la na sua própria vida, o objetivo principal deste trabalho de mais de dois anos estará atingido. Nesse sentido, autorizo e estimulo o uso das ideias compartilhadas nas páginas seguintes, sem necessidade de citação do autor. Considero a simplificação uma das demonstrações mais eficazes da excelência. Nesse espírito, elaborei, depois de mais de um ano de reflexão, uma lista de 23 palavras que me explicam e que norteiam meu modo de pensar e agir. Os capítulos discorrem sobre histórias e conceitos, sempre ligados a uma, a várias ou a todas as palavras que buscam me definir.

Você, leitor, perceberá que, em vários momentos, uma palavra dependerá de outras para ter o seu sentido completado. Então, ainda que determinado capítulo tenha por objetivo principal explicar um pensamento, ele terá, sem dúvida, definições e complementos de outras palavras que aparecem antes ou depois. Por trás de cada uma delas, existe uma base sólida de convicção e de trabalho.

Considero importante, para que o estilo e o ritmo do texto sejam compreendidos da melhor forma possível, explicar rapidamente como se deu o processo de elaboração. Avaliei e organizei os temas que considerei mais importantes e que mais me motivam. Fiz isso sem a pretensão de esgotar todos os aspectos da minha vida – até porque este livro não é uma biografia, embora aborde momentos importantes da minha jornada. Depois, gravei depoimentos, que foram transcritos, com ajustes pontuais, necessários à linguagem escrita. Logo, a narrativa é conduzida pela minha voz.

Definidos o método, a missão e o escopo, o título surgiu de forma natural. "A busca" traduz a minha necessidade de compreender e perseguir a excelência, não apenas como um fim, mas como uma jornada que nunca termina. Costumo dizer que a nota máxima possível para qualquer projeto ou realização é nove. Dez é o que farei melhor, amanhã.

A palavra "busca" dá a dimensão exata da minha atitude de inquietação, que me move e move o mundo permanentemente na procura pelos melhores valores e atitudes, pelas melhores práticas sociais e pelos melhores investimentos. Em resumo, pelas melhores soluções.

Fiquei sabendo de uma experiência com o meu perfil, usando a inteligência artificial. Uma das conclusões do algoritmo é que minha vocação e minha prioridade são a curiosidade. Concordo.

A curiosidade tem uma relação inseparável com a busca, em todas as dimensões. Chamo essa união – curiosidade + busca – de inquietação construtiva. A curiosidade leva à inquietação na busca de conhecimento, de informação e de um constante aprendizado.

A evolução da capacidade de inovação é frenética, impossível de acompanhar na sua totalidade. Mas isso deixa de ser um problema quando há clareza e foco no propósito e nas metas pessoais e profissionais. Saber o que estudar e para onde crescer é parte dessa jornada constante. É a inquietação que leva à busca.

Estar inquieto não basta. É preciso canalizar esse sentimento para a construção de uma realidade com mais qualidade de vida e desenvolvimento. Uma coisa é ter curiosidade intelectual, outra é analisar novas oportunidades de construir cooperativa e globalmente soluções que, de fato, melhorem a qualidade de vida e reduzam os desequilíbrios sociais, educativos e culturais.

Avaliar quais são as soluções viáveis é o que chamo de inquietação construtiva. É um caminho para a melhoria sob todos os aspectos, que se incorpora ao meu perfil empresarial: planejar, construir e encontrar soluções. O caminho da busca só faz sentido se conjugado à construção. Um degrau leva ao outro. Um salto impulsiona o próximo, sempre. Esse é o insumo que impulsiona a humanidade a encontrar novos caminhos.

Indiscutivelmente, teria muito para dizer sobre minha atividade empresarial, mas já publicamos obras históricas sobre os 100 anos da Gerdau e fizemos complementos, um sobre o aspecto empresarial, e outro, familiar. Meu irmão Germano já escreveu sobre sua trajetória nos negócios e sobre as políticas da empresa. Tocarei em alguns desses aspectos, mas penso que essa demanda já está bem atendida.

Cheguei a pensar em chamar o livro de "A busca da excelência". É ela que, de fato, me motivou em todo o meu processo profissional e humano. Considero-a o ponto principal que justifica a nossa existência. Essa tem sido, por décadas, a minha maior inquietação. Mas aí surge, novamente, o cuidado de não parecer definitivo, pois existem níveis diferentes de excelência, que dependem do contexto, das expectativas, dos recursos, das possibilidades e do ambiente no qual o indivíduo está inserido. Concluí que cada um tem de buscar a sua excelência, na sua dimensão. Essa observação é extremamente importante. Na minha dimensão, excelência atende a aspectos técnicos, humanos e emocionais próprios, mas esses ingredientes não compõem uma fórmula única, expressa, em grande parte, na atitude cidadã de pleno exercício da cidadania. É justamente o esforço que cada um faz dentro da sua comunidade que leva o conjunto da sociedade a se beneficiar. Cada um na sua profissão, na sua dimensão, no seu meio e na sua convivência, participando e construindo da melhor forma em benefício do todo. Foi essa visão que me encorajou a escrever sobre aprendizados e obstáculos nas diversas atividades em que me engajei e me engajo.

Neste livro, abordo algumas das principais jornadas na busca pelas soluções nos campos de atuação social, empresarial, cultural, esportiva e nos aspectos de interesse

“Saber o que estudar e para onde crescer é parte dessa jornada constante. É a inquietação que leva à busca.”

**A BUSCA** | JORGE GERDAU

coletivo, como educação e saúde. São desafios com os quais tenho me envolvido profundamente nas últimas décadas, com foco na governança no campo privado, mas também de forma muito profunda e intensa na governança do setor público e do Terceiro Setor.

Os meus cinco filhos são fator de enorme satisfação. De uma forma ou de outra, o Carlos, a Marta, o André, a Beatriz e a Karina absorveram a filosofia de valores de família, do mesmo modo que os meus sobrinhos. Cada um dos meus filhos tem uma certa vocação que se acentua, seja na gestão, na responsabilidade social, no esporte ou em outras áreas. Com orgulho, vejo que eles estão realizados, com os netos e bisnetos vivendo os valores que são um legado familiar.

É com esse espírito educativo e construtivo que sempre me conduzi, inclusive nas relações com meus filhos e demais familiares. Essa forma de ver e viver o mundo foi surgindo gradativamente, mas a vocação inicial já vinha desde criança, quando aprendi a competir em atividades esportivas, outro tema que abordarei nas páginas seguintes. Identifico nesse período uma das principais origens da motivação para investir minha experiência nos campos empresarial, social, cultural, da saúde, esportivo, político, da governança privada e pública, procurando ser útil na formulação de soluções e trabalhando, em especial, em parcerias profundamente motivadoras.

Assim, a organização do livro por temas obedece à lógica do meu envolvimento nessa busca, com seus desdobramentos e com a intenção de transmitir não apenas conhecimento, mas também a experiência acumulada em quase nove décadas de vida.

Meus alicerces são a família e minha formação profissional. Meus irmãos e eu somos a quarta geração nos negócios da Gerdau, que hoje está na quinta geração, já pavimentando o caminho para a sexta. Estamos transmitindo o legado do que recebemos. Na vida e nos negócios, buscamos de uma forma convicta a excelência, muito motivados pela liderança e pelos exemplos do meu bisavô, do meu avô, do meu pai, da minha mãe, dos meus colegas e da diretoria. Aprendi que o sucesso depende dos recursos humanos, que têm como ponto central a capacitação das pessoas sob aspectos técnicos e humanos. Não há segredos, mas esse foi o caminho para construirmos uma empresa que desse orgulho a todos que nela trabalham. Sempre cito uma frase sábia, trazida por um executivo da Gerdau: “A atitude humana é que define as empresas, e a vitalidade das organizações surge da capacidade de continuar motivando as pessoas em seu desenvolvimento”.

Na formação da minha identidade humana e profissional, me envolvi muito com projetos educativos na área da cultura, apoiando artistas e iniciativas nesse campo. Sem cultura e sem educação, que estão intimamente ligadas, não se consegue aprimoramento. Também me dediquei fortemente ao campo esportivo, pelo estímulo dos pais, mais especificamente ao hipismo. Não somente na prática, mas também no desenvolvimento e crescimento do esporte e na criação de cavalos, com estudos e aperfeiçoamentos, buscando os melhores exemplos e tecnologias.

Quando jovem, ainda na década de 1960, comecei a praticar um esporte novo no Brasil, o surfe. Nossos avós veraneavam em Torres, e, em função dos negócios, meus irmãos e eu tínhamos muitos contatos no Rio de Janeiro, por causa da construção da nossa unidade carioca, a Cosigua. Nessa época, pude acompanhar o início do desenvolvimento do surfe por lá e ajudar a trazer para o Rio Grande do Sul e para Santa Catarina o que seria, mais tarde, uma modalidade olímpica.

Outra área que me motiva e gratifica é a da saúde. Integrei o conselho do Hospital Moinhos de Vento, uma instituição vinculada à família Gerdau, pois meu bisavô e seus filhos eram ativos na comunidade evangélica luterana, integrada por imigrantes da Alemanha, que fundou o hospital. Foram as *schwestern*, irmãs, em alemão, que construíram essa obra fantástica, com a qual tive o prazer de me envolver durante muitos anos. Ainda hoje continuo tentando auxiliar os conselhos e as diretorias, que, com a união de esforços, levaram o Moinhos a ser reconhecido como o segundo melhor hospital do Brasil, motivo de orgulho para todos que participam dessa obra magnífica, tão útil para o desenvolvimento social da nossa comunidade.

Tenho convicção de que minha inquietação sobre excelência teve uma participação forte nesse esforço, que, graças a Deus, tem conseguido alcançar seus objetivos. No começo, a implantação dessa mentalidade foi difícil. Obstáculos fazem parte das trajetórias vencedoras. Graças à eficiência da atual administração, conseguimos atingir esse patamar.

Quando entrarmos no capítulo Hospital Moinhos de Vento, poderei detalhar como o sonho se tornou realidade, sempre na perspectiva de transmitir lições que possam ser úteis.

Há ainda aspectos menos visíveis dessa inquietação na busca pela excelência. Um deles, essencialmente emocional, tem relação com a casa onde vivo, em Porto Alegre, e onde busco o envolvimento com meus filhos, netos, bisnetos e com minha esposa, Maria Elena, que também, graças a Deus, tem uma atitude de compreensão e tolerância comigo. Vivemos unidos e fortes na busca pela excelência no campo social, pessoal e espiritual. Temos uma parceria e uma sintonia muito sólidas, o que me dá satisfação e alegria enormes. O trabalho de Maria Elena na ONG Parceiros Voluntários, que atua em nível nacional, evidencia essa parceria. Os resultados falam por si: a missão de desenvolver uma cultura do voluntariado organizado já beneficiou mais de 1,5 milhão de pessoas, por meio de cerca de 500 mil voluntários que atuam ou atuaram em 2.774 organizações sociais espalhadas por 51 cidades do Rio Grande do Sul.

Olhando para trás, é possível identificar outras inspirações para esse jeito de ser e agir que se tornou minha marca pessoal e profissional. Na empresa, aprendemos com os japoneses a Qualidade Total, por influência do professor Vicente Falconi. Na década de 1980, ele nos ajudou a trazer essa visão de qualidade de gestão e domínio de processos. Em um segundo momento, no final da década de 1990, criamos, com um grupo de empresários, o MBC, Movimento Brasil Competitivo, uma tentativa de auxiliar o aperfeiçoamento da estrutura da gestão no âmbito dos governos estaduais e federal. Ainda hoje presido o conselho dessa organização de forma intensa. É uma tarefa interminável, mas essa inquietação é uma peça-chave. É uma caminhada muito longa, mas profundamente motivadora no meu momento atual de vida.

Unida pelo mesmo propósito aos outros temas está a minha participação, por mais de dez anos, na coordenação do conselho no Todos pela Educação. Atualmente, tenho me dedicado de forma direta e intensa a projetos que envolvem tecnologia e digitalização para a gestão das escolas, com algumas perspectivas e resultados muito importantes.

Da mesma forma, o envolvimento com a Fundação Iberê Camargo, detalhado mais adiante, foi motivado pela convicção de que a cultura é parte fundamental no desenvolvimento saudável de uma sociedade. Encontrei em Iberê uma identificação muito forte com os propósitos de busca constante pela excelência.

Meus irmãos e eu tivemos uma educação extremamente objetiva, pragmática e simples. O respeito e a honestidade são valores que recebemos de uma forma natural, pela força do exemplo dos nossos pais. Continuam sendo fatores-chave da nossa participação na vida empresarial, social e política, não exercendo algum cargo eletivo, mas apoiando ideias e gestão no campo da administração pública.

Se pude fazer tudo isso, indo ao encontro de meus anseios de forma intensa e profunda, é porque tive e tenho apoio. Sou profundamente grato aos meus pais e aos meus irmãos, Germano, Klaus e Frederico, cuja parceria possibilitou que cada um de nós, dentro da sua formação profissional, crescesse. Muito devo à convivência e tolerância comigo. Menciono também alguns profissionais, sobre os quais falarei nas páginas seguintes, mas principalmente dois: Carlos João Petry e Luis Celestino Pedó, que, junto com os quatro irmãos, formaram o comitê executivo que potencializou de forma significativa nosso grupo empresarial; cada um tinha sua missão e responsabilidade, mas, trabalhando como um time, formataram a base cultural e estrutural que veio das gerações anteriores. Destaco com especial ênfase o papel de minha mãe, Helda. Foi ela, com a formação da família Gerdau, que nos transmitiu uma visão ampla de valores sociais.

Tudo que fiz e continuo fazendo é fruto desse legado extraordinário. Difícil definir, na minha vida, o que é empresa e o que é família, já que os alicerces e as vigas de sustentação são os mesmos e, por isso, inseparáveis. O resto é apenas a tentativa de levar adiante as lições, os valores e a memória, no sentido da continuidade da família na integração com a comunidade em que vivemos. Essa é a essência de um sonho.

Vivemos no melhor país do mundo. Somos a soma de uma herança portuguesa de trabalho e tolerância, da imigração empreendedora e de tantas culturas, como a africana e a asiática, que nos fazem únicos. Sei que talvez pareça exagero, mas acredito que falta pouco para que essa certeza se consolide de forma ampla. Temos condições naturais, uma população plural e com atitude positiva, atividade empresarial pujante. Nosso setor primário alcançou liderança mundial e conquistas fantásticas. Então, o que nos falta é extremamente pequeno, mas depende essencialmente de uma competência profissional de governança, que passa pelo aprimoramento do processo político. Vejo a modernização do setor público como decisiva para o crescimento e desenvolvimento do Brasil, visão que adquiri pela vivência intensa na minha atividade dentro da Gerdau.

Esperança nunca me faltará. Nosso país é absolutamente extraordinário, e devemos agradecer por isso. Sou extremamente grato, da mesma forma, pela possibilidade de continuar lutando, mantendo impulsos joviais, nesta busca permanente, movida pela inquietação, de melhorias em todos os campos com os quais continuo tendo participação ou envolvimento. Entendo que envelhecer não é, por si só, algo bom ou ruim. Depende de como enfrentamos cada momento da vida, dentro da nossa dimensão e daquilo que podemos controlar. Desejo que a minha busca possa, de alguma forma, mesmo que mínima, contribuir com cada leitor na sua própria jornada.

# VALORES

*"Quanto mais simples a posição do colaborador, mais importantes são a atitude e o respeito."*

## SÍMBOLOS DO PODER

Quem se acha gênio ou superior perde a capacidade de aprender. É cada vez mais importante continuar aprendendo, aprendendo e aprendendo. Se você não tiver humildade para ouvir, não saberá o que dizer. Quando vejo pessoas que alcançam algum resultado e começam a ter indicativos de falta de humildade, meu sentimento é de pena: eles definiram o seu teto.

Dificilmente se encontrará uma virtude que tenha as dimensões necessárias ao convívio social construtivo. O respeito é essa virtude e se expressa em todas as situações: na família, na relação com os colegas de trabalho, com os concorrentes e até com os adversários mais ferrenhos. Respeito, no fundo, pressupõe a consciência da importância de cada indivíduo e o exercício dos nossos limites éticos, morais e legais.

Na minha vivência, seja no acompanhamento da administração pública, nas organizações privadas ou em qualquer outro tipo de instituição associativa, duas palavras, que precisam de atenção constante, são definidoras não apenas de uma visão de mundo, mas também de ações concretas: respeito e transparência.

Desde muito cedo, aprendi sobre o conceito e a prática do respeito. O começo foi a educação que recebi em casa, principalmente do meu pai, que, por sua formação cultural, nos transmitiu uma ideia que me ajuda até hoje: quanto mais simples a posição do colaborador, mais importantes são a atitude e o respeito. Não é apenas o que eu faço ou digo, mas como isso será percebido em um mundo em que a hierarquia e os símbolos do poder, gostemos ou não, ainda fazem muita diferença.

Nessa lógica, a mesma frase dita do mesmo modo para dois colaboradores diferentes tem pesos desiguais em função das suas realidades na organização e fora dela. Então, respeito é algo que até se pode impor quando se ocupa uma posição de liderança ou de hierarquia superior, mas o ideal é que isso aconteça de forma natural, pela força dos exemplos e dos resultados. Vale para qualquer pessoa em qualquer atividade. Respeito não é apenas usar palavras mais suaves, mas também, assim como acontece quando o tema é excelência, entender a realidade de cada um e a forma como esse atributo pode ser expressado e compreendido, sempre balizado por valores e relacionado aos propósitos da organização.

O benefício para a organização da compreensão profunda e da aplicação do respeito como algo inegociável é fundamental, seja na relação aluno/professor, seja no chão de fábrica, ainda mais quando esse respeito surge sem a necessidade do exercício do autoritarismo, pelo entendimento de que a autoridade só faz sentido se for legitimada por todos, a partir da compreensão de seus benefícios em processos que geram valor para todas as partes.

Mesmo em regiões diferentes de um mesmo país, a palavra respeito pede comportamentos diferentes. No Rio Grande do Sul, por exemplo, é diferente o tratamento que se dá ao porteiro de um edifício. Os gaúchos são mais formais, mais sérios. Isso não é bom nem ruim, se soubermos compreender as diferenças e lidar com elas. Na minha visão da estrutura social, reputo ao aspecto uma enorme importância. Quanto mais desenvolvida a comunidade, maior é o respeito natural, que não precisa ser imposto na base no medo ou da ameaça, porque ele flui em ambos os sentidos, independentemente do cargo.

No Rio Grande do Sul, quando um fazendeiro sai a cavalo com o capataz ou com seus colaboradores, a proximidade horizontal induz a um tipo de postura traduzida como respeito, que é diferente de um deslocamento, por exemplo, no qual cada um tem o seu carro. A correta prática da palavra respeito é, para as organizações, da maior importância. Nos países desenvolvidos, o sistema funciona ao natural. Assim, temos no Brasil uma caminhada enorme na educação, do nosso jeito, porque esse tema tem culturas e práticas diferentes que precisam ser observadas.

## O BERÇO DOS VALORES

O núcleo familiar, em primeira instância, é o ambiente onde uma das matérias-primas fundamentais da sociedade é transmitida: os valores.

Unir trabalho e família, de uma forma eficiente, sempre foi um grande desafio. Cada negócio tem seu modelo, e não existe um só caminho para que ele prospere. No caso da Gerdau, nossa fórmula deu certo por um fator aparentemente simples. Cada um dos irmãos tinha uma área de responsabilidade profissional que não competia com a outra. Ao contrário. Nos apoiávamos reciprocamente.

Tivemos a sorte de os quatro irmãos estarem no mesmo negócio. Há famílias em que cada um toca um negócio. Mas, em qualquer atividade, há épocas boas e épocas ruins, condicionadas não apenas pela competência específica do líder e da equipe, mas também por fatores globais do mercado e por eventos imprevisíveis. Quando um negócio não anda tão bem em comparação com os demais, é comum surgirem tensões e atritos na família. Na Gerdau, sempre fomos sócios absolutos, não só financeiramente, em partes iguais, mas também na estrutura da empresa.

Esse jeito de ver a união entre família e empresa veio pelo exemplo de liderança do nosso pai, Curt, com o seu principal sócio, Roberto Nickhorn. Veio daí a inspiração de

*“Quem se acha gênio ou superior perde a capacidade de aprender.”*

unir esforços em vez de apostar em um modelo com alto risco de autofagia e desagregação de valores, sejam eles econômicos ou familiares, ambos extremamente relevantes e que, quando combinados, geram sinergia e força.

Nosso irmão mais velho, Germano, assumiu a área comercial. Graças à sua habilidade e inteligência naturais, liderou uma condução extremamente eficiente e que foi sendo estruturada para atender nossa relação com a clientela, em âmbito nacional e internacional, com os fornecedores e com os concorrentes, evitando ao máximo conflitos desnecessários.

O irmão Klaus assumiu a área de engenharia. Desde muito cedo, mostrou suas aptidões e um estilo de liderança perfeito para esse setor. Conseguiu fazer uma condução extremamente eficiente dos novos investimentos, das decisões técnicas e da aquisição de novos equipamentos, buscando conhecimento nos mercados internacionais. Foi dele também a condução da modernização das usinas, muitas vezes obsoletas, de empresas aquiridas que comprávamos, sempre com a preocupação de atingir os patamares de eficiência de produtividade internacionais.

Antes de o Frederico, nosso irmão mais jovem, entrar no negócio, as responsabilidades pelas partes financeiro-administrativa, de recursos humanos, planejamento e relações institucionais estavam comigo. Depois, ele assumiu a área financeiro-administrativa, o que nos deu tranquilidade e um nível de eficiência consistente. A sua capacidade de relacionamento com o mercado de capitais fez com que alcançássemos resultados expressivos. Quando eu ainda conduzia a área financeira, fomos um dos primeiros grupos a buscar financiamento externo, no Citibank, diretamente de Nova York para o Brasil. Hoje isso parece simples, mas, naquela época, até falar por telefone com o exterior era difícil.

É preciso ressaltar, nessa transação, a importância do nosso vice-presidente, Roberto Nickhorn, que tinha competência e relacionamentos pessoais com a diretoria do Citibank. Para tanto, o golfe teve um papel importante. Roberto era um jogador extremamente competente, e esse esporte favorece as conversas nas longas caminhadas.

Nesse processo financeiro, tivemos um período com até cinco empresas de capital aberto. Especialmente no Nordeste, onde existiam incentivos importantes, comprar empresas era mais interessante do que investir em nossos negócios já existentes.

Entra em cena, mais uma vez, a figura do nosso pai. O senhor Curt tinha formação de inspetor e atuava como supervisor do Deutsche Bank, o maior banco da Europa, para toda a América Latina, Espanha e Portugal, e que entrou no negócio da família depois da Segunda Guerra Mundial. Entre 1939 e 1945, nosso pai ficou estabelecido em Buenos Aires, procurando evitar os riscos para a família. Chegou a ser convidado para ocupar um posto na Alemanha, mas achou mais prudente, felizmente, não se envolver no que lá acontecia. Ele se casou com nossa mãe, Helda Gerdau, na década de 1930, mas só entrou no negócio quando nos mudamos, depois da

Segunda Guerra, de Buenos Aires para Porto Alegre, onde meu bisavô, João Gerdau, havia desembarcado em 1869.

A visão do senhor Curt foi extremamente importante nessa engenharia que une negócios e família. Era dele essa concepção de que cada um deveria ter sua responsabilidade profissional que dependesse do outro. Graças a Deus e à orientação paterna, cada irmão assumiu uma área em que realmente tinha aptidão natural e formação, o que nos possibilitou estruturar uma harmonia sólida e produtiva. No Comitê Executivo, praticamente todas as decisões eram unânimes, trabalhadas, analisadas e debatidas longamente, com a maturação das possibilidades e opções.

Além dos quatro irmãos, tivemos dois excelentes profissionais que participaram do Comitê Executivo: Luiz Celestino Pedó e Carlos João Petry, que exerceram lideranças importantíssimas. Pedó tinha habilidade e inteligência comercial diferenciadas. Com o Germano, fazia uma dupla extraordinária. Petry, com sua formação em Filosofia, nos ajudou enormemente na estruturação dos recursos humanos. Fazia comigo uma dupla decisiva na formação e no crescimento do grupo. Graças à política de recursos humanos, conseguimos construir uma estrutura global.

Foram os princípios familiares da cultura do nosso pai, Curt, que nos inspiraram em políticas absolutamente inovadoras na época. Nossos engenheiros, e depois também os operários, participavam acionariamente da empresa. A Gerdau cresceu, de verdade, com a participação dos nossos colaboradores, dos mais variados níveis. Isso significou envolvimento e engajamento. Além disso, nosso pai, integrante da já então moderna gestão do Deutsche Bank, implantou na Gerdau uma filosofia de absoluto respeito às pessoas. Esse é um traço marcante do norte da Europa.

A família Gerdau veio de Hamburgo. Tivemos uma forte influência cultural dessa filosofia de respeito ao próximo e de respeito ao trabalhador. O varredor da fábrica era tão respeitado quanto o engenheiro, o diretor ou outro profissional de mais alto nível. Hoje isso parece senso comum, mas, há mais de cem anos, as relações de trabalho eram ainda medievais em muitas organizações.

Me lembro, certa vez, que estava conversando com um dos nossos diretores de Minas Gerais. Eu usava a palavra "colaboradores" para me referir às pessoas que trabalhavam no chão de fábrica. Esse diretor me rebateu: "Jorge, aqui essa coisa de colaborador não existe. Empregado é empregado, e essa sua nomenclatura aqui não se aplica". Ele foi, logo depois, convidado a passar por um processo de recapacitação. Esse caso ilustra como nossa cultura era diferente, e sua implementação, também. Foi depois da metade do século passado que a gestão descobriu que tratar bem as pessoas não é apenas uma questão humana, o que já seria suficiente, mas também tem impacto decisivo no negócio, pelo aumento da produtividade. Isso nunca foi novidade para nós.

É muito importante analisar quais são os conteúdos básicos que justificam o espírito e o sucesso da Gerdau através

*“A Gerdau cresceu, de verdade, com participação dos nossos colaboradores, dos mais variados níveis.”*

das gerações. Entendo que Gerdau é eminentemente fruto de uma inteligente política de recursos humanos. Essa política é mobilizada no sentido de satisfazer os nossos *stakeholders*. De uma forma extremamente resumida, isso explica como conseguimos, por tantos anos, manter valores e práticas que orientaram os trabalhos da empresa em toda a sua abrangência. A cultura da Gerdau nos foi transmitida pelos nossos pais, Curt Johannpeter e Helda Gerdau, cada um com suas características próprias e com suas bagagens culturais, que impactaram de forma profunda a educação dos quatro filhos.

A cultura familiar vai muito além do que é dito. Ela se mostra na prática, no jeito de fazer as coisas. Lembro, ainda criança, quando meu pai, durante uma caminhada pela fábrica, viu um toco de cigarro no chão. Ele não disse nada. Se abaixou, recolheu a bagana e a colocou no lixo. Todos os que viram, inclusive eu, entendemos a força do gesto.

Originalmente, o primeiro conceito de família se baseava na relação consanguínea ou de casamento. Em termos filosóficos, essa abrangência não tem limites. Vai-se ao ponto de considerar toda a humanidade como uma grande família. Essa possibilidade é altamente positiva na dimensão da criação de vínculos de respeito, mesmo quando há divergências, o que é natural e saudável. Porém, o núcleo familiar, em primeira instância, é o ambiente onde uma das matérias-primas fundamentais da sociedade é transmitida: os valores.

Fundador da empresa, meu bisavô João Gerdau tinha um espírito inquieto e curioso. Ele pesquisava pedras semipreciosas com o mesmo apetite com que se aprofundava em tecnologias de gestão, em uma época em que essa expressão nem existia.

Nossa mãe, Helda, fez a primeira parte dos seus estudos no Colégio Farroupilha, que era o colégio alemão na época, década de 1920. Mas as meninas só dispunham do primeiro grau. Foi então que nosso avô, Hugo, comprou uma casa em Hamburgo, na Alemanha, para que ela pudesse continuar seus estudos lá, junto com a irmã. Menciono isso porque, assim como nosso bisavô João, ele veio ao Brasil como empresário, comerciante. Tinha condições de investir em educação. Mas foi a influência da cultura do Deutsche Bank sobre o nosso pai, Curt, que trouxe para dentro da Gerdau os *inputs* internacionais que nos beneficiaram de forma importante.

Nossa mãe tinha visão social desde muito jovem, formada na cultura de uma família que sempre participou e atuou nos interesses comunitários, fosse na igreja da cidade de Agudo ou como uma das fundadoras do Hospital Moinhos de Vento, em Porto Alegre. São todos fatos vinculados a uma filosofia de vida.

Essa cultura de respeito não é algo isolado. Precisa de uma governança. Tem de acordar cedo, trabalhar e continuar estudando à noite, trabalhando nas férias, dedicando-se ao máximo. A começar por nós, da família, que sempre vivemos um envolvimento profundo com o trabalho. Germano dizia que nas refeições, quando estávamos com nossos pais, sempre tocávamos nos assuntos da empresa. Na verdade, não havia uma fronteira. A Gerdau era a família, e a família era a Gerdau, pelo propósito, valores e entusiasmo com que vivíamos essa experiência.

A cultura de trabalho, família, celebração, envolvimento, desenvolvimento e crescimento é uma herança viva da história de uma família empreendedora. Nosso pai sempre nos incentivava a celebrar a nossa união. Ele tinha um lema: "Quem não sabe festejar não sabe trabalhar".

Entrei na Fábrica de Pregos com 16 anos. Ela já estava estruturada e bem-organizada. Cada maquinista tinha um prêmio de produtividade por categorias de pregos, e todo o empacotamento também recebia prêmios por produtividade. No início dos anos 1950, cada operário tinha sua caderneta com anotações com o seu desempenho objetivamente registrado. Consequentemente, tinha uma remuneração variável, ligada à sua contribuição para o todo. Os operários, mesmo trabalhando no empacotamento ou nas máquinas, tinham casas nas praias de Tramandaí. Embora modestas, indicavam um padrão de vida, já na época, diferenciado.

Quando nosso pai faleceu, em 1983, nós, meus irmãos e eu, já com uma cultura empresarial sólida, decidimos listar nossos valores. Naquela época, algumas empresas multinacionais que trabalhavam no Brasil já faziam isso. Consideramos que expressá-los claramente ajudaria a perpetuar o legado de nossos pais, avós e bisavós. Combinamos também – e talvez nem fosse necessário – que a lista não era apenas para ficar num quadro, mas para ser praticada.

Dentro da política global e filosófica do Grupo Gerdau, é importante ressaltar o que aconteceu logo depois do falecimento do Sr. Curt Johannpeter, nosso pai. Seu comportamento nos relacionamentos humanos e sua filosofia de vida e de trabalho transformaram os valores em uma doutrina profundamente introduzida nos processos familiares e empresariais. Era também a visão da Família Gerdau, desde o pioneirismo de João Gerdau, em Agudo, com o seu ato de participação comunitária na igreja e dentro de todo o processo de crescimento e desenvolvimento humano por parte de Hugo Gerdau. Nossa mãe, Helda, também incorporava uma cultura de valores extremamente sólida. Durante anos, costurou para ajudar quem precisava, fora da empresa, mas dentro dos diversos projetos sociais dos quais participou.

Neste ponto gostaria de ressaltar os valores que introduzimos no Grupo Gerdau em 1986, logo após o falecimento de nosso pai. Foi uma forma de manter o seu legado vivo.

- Oferecer produtos e serviços de alta qualidade.
- Lucro como medida de desempenho e eficácia e de preservação da livre iniciativa.
- Seriedade com todos os públicos.
- Eficiência nos negócios está nas pessoas.
- Tecnologia atualizada objetivando alta qualidade e produtividade e baixo custo.
- Crescer com segurança e solidez.

Estes valores foram aprovados pelos quatro irmãos. Era a nossa verdade, absolutamente consolidada dentro de padrões internacionais. Resolvemos introduzir esses conceitos no Grupo Gerdau, que foram sendo vividos e aprimorados, mas sem perder sua essência.

Essa conceituação não se perdeu durante esses anos todos. Quando definimos os valores, ressaltamos que não era importante tê-los expostos em um quadro numa sala de reuniões, mas sim vivê-los na prática, no dia a dia. É assim que tem sido desde então.

A aplicação da crença de que respeito, trabalho em equipe, transparência e resultados são inseparáveis não era, na época, muito aplicada a uma camada dos colaboradores, especialmente os de remuneração mais baixa. Esse sempre foi um diferencial da Gerdau. Mais do que uma estratégia de mercado, é uma raiz cultural plantada gerações atrás. Os efeitos trazem resultados multiplicadores.

Lembro até hoje, com orgulho, quando um colaborador, no seu discurso de despedida, depois de décadas de trabalho na Gerdau, afirmou, em toda a sua carreira, jamais ter vivido um conflito de valores com seus líderes. Devo ressaltar que isso, em nenhum momento, significa estar sempre de acordo. Ao contrário. Ideias divergentes, quando alicerçadas pelos mesmos valores, são um ativo vital das organizações, pois permitem encontrar soluções nem sempre óbvias, mas mais eficazes, para os desafios da operação e da gestão.

Lembro-me também de como um colaborador da fábrica, ao receber um pagamento extra em que se achava prejudicado, disse à sua líder: “Eu não concordo com o que vocês estão fazendo, tenho certeza de que o senhor Curt não sabe disso”. A reivindicação dele foi analisada com absoluta imparcialidade e encarada como algo positivo. Tanto que foi feita uma correção. Essa frase é o símbolo de uma relação construída por meio do trabalho e demonstra a confiança do colaborador nos valores da empresa.

Na festa de 100 anos da Gerdau, um dos mais tradicionais clientes da empresa fez um comentário que nos mostrou o acerto dos caminhos que escolhemos: “Faz mais de trinta anos que compro os produtos de vocês, e jamais houve um único erro ou algum produto com falha em algum pacote de pregos que gerasse a reclamação de algum cliente”.

Mais uma vez, a busca fica estampada: é impossível que não haja uma ou outra falha em uma operação do tamanho da nossa, mas devemos perseguir esse objetivo, buscá-lo incansavelmente. O testemunho desse distribuidor não se referia estritamente a pregos, mas, sim, à confiança estabelecida em um relacionamento sólido.

# MUNDO CORPORATIVO

## A COOPERAÇÃO PRODUZ EXCELÊNCIA

O exemplo dos meus pais foi fundamental no desenvolvimento da minha sensibilidade no campo da cultura. O primeiro impacto na minha formação, resultado do modo de vida e de atitude cultural, veio de uma assinatura do Teatro Colón, em Buenos Aires, onde moramos quando eu era criança. Toda as quartas-feiras à noite eles assistiam à orquestra ou a algum outro evento. Naquela época, na década de 1940, os homens vestiam *smoking*, e as mulheres, trajes sociais. Tudo isso me impressionava muito.

**Posteriormente, tive a oportunidade de, mais uma vez, receber o impacto da atitude dos meus pais em relação à cultura, através da música. Foi no surgimento da Orquestra Sinfônica de Porto Alegre, da qual foram fundadores,**

em 1950. Na época, o maestro húngaro Pablo Komlós foi contratado, graças a amantes da música que se uniram e iniciaram a OSPA com meios totalmente privados. O apoio governamental veio depois.

Aquele foi um passo importante para o desenvolvimento da cultura no Rio Grande do Sul e no Brasil. Para mim, havia ainda um atrativo especial. Os pais da minha primeira namorada também faziam parte desse grupo inicial. Quando havia concertos, eles compareciam, juntamente com os meus pais. Aquela era uma boa oportunidade para namorar.

A OSPA tem várias dimensões na relação com a cidade e com seus moradores. Conta-se que quando o escritor Erico Verissimo tinha que explicar como era Porto Alegre para alguém no exterior, mencionava que ela tinha uma orquestra sinfônica. Isso sintetizava tudo. Ela era, e ainda é, um cartão de visitas significativo.

Porto Alegre foi uma das pioneiras, também nessa área. Não era praxe as capitais do Brasil contarem com orquestras sinfônicas. Mais tarde, o movimento se desenvolveu bastante. Faço essas referências para explicar que o meu contato inicial com a cultura também veio pelo exemplo familiar. Acredito que a intensidade emocional é fundamental na busca pela excelência, e, com certeza, a arte tem muito a ver com isso.

Depois, houve um segundo momento importante: a abertura da primeira galeria de arte em Porto Alegre, a

Esfera, em 1971, na rua Dona Laura. A iniciativa foi de Sonilton Alves, um colega de diretoria da Sociedade Hípica. Ele veio de São Paulo com essa ideia, que significou o movimento inicial para trazer e organizar leilões com os melhores artistas brasileiros, fora do eixo Rio-São Paulo. Foi por meio dessa oportunidade que conheci e adquiri várias obras dos nossos melhores clássicos.

Essa primeira galeria foi administrada pela jovem Tânia Carvalho, que, com muita habilidade e inteligência, conseguiu liderar o sucesso desse empreendimento.

Minha convivência com Sonilton Alves foi extremamente importante. Depois desse movimento inicial, que me deu um lastro de obras de boa qualidade para apreciar, a amizade com Justo Werlang, meu principal parceiro na área cultural, teve um papel decisivo. Ele é um exímio colecionador e profundo conhecedor da arte. Cabe destacar que, principalmente por iniciativa do Justo, criou-se um conjunto de obras feitas pelo austríaco radicado em Porto Alegre Xico Stockinger. Foram realizadas três fundições de coleções diferentes, com várias peças. Uma parte foi doada ao Museu de Arte do Rio Grande do Sul, outra ficou com o próprio Stockinger e a terceira foi dividida entre mim e Justo. Assumimos, em parceria, os custos da iniciativa. Esse tipo de ação criativa e colaborativa mostra a habilidade e a inteligência do Justo.

Nesse processo de evolução, minha primeira visita à Bienal de São Paulo, na década de 1990, me impactou de tal forma que me convenci de que deveríamos, pelo menos, trazer uma parte para o Rio Grande do Sul. Conseguimos, com um impacto enorme. A exposição Bienal Brasil Século XX foi realizada em 1994, no Edel Trade Center, inaugurado em Porto Alegre pouco antes. Foi um movimento para a consolidação e ampliação da atitude da sociedade gaúcha em relação à arte. Destaco o papel da curadora e produtora cultural Maria Benites Moreno, que aproximou artistas e empresários desse grande propósito.

Também tive oportunidade de desenvolver relacionamentos pessoais com alguns artistas. O mais importante foi Iberê Camargo. Cultivamos um diálogo extremamente interessante e curioso. Passei, de uma forma não estruturada ou organizada, a visitá-lo, a dialogar com ele e a acompanhar os extraordinários trabalhos que ele ia realizando. Me impactaram de uma forma muito, muito forte a dimensão e a inquietação na sua busca pela excelência. Esse foi um dos grandes motivos da nossa aproximação, porque eu via um pintor absolutamente exigente com as tintas, as telas e os pincéis, e com o método de transformação das suas ideias em desenhos, gravuras e pinturas. Ele fazia e refazia a obra várias vezes, até chegar ao resultado desejado.

Tive a oportunidade de assistir à intensidade e à profundidade do trabalho de Iberê quando ele pintou o retrato da minha esposa, Maria Elena, uma obra fantástica. Já cansada de posar, sentada na mesma posição por

*“O exemplo dos meus pais foi fundamental no desenvolvimento da minha sensibilidade no campo da cultura.”*

horas, Maria Elena disse: "Iberê, está lindo. Eu me vejo nele!". Mas o mestre não desistiu: "Não, o quadro estará pronto somente quando eu conseguir pegar a tua alma". Iberê parecia um espadachim em transe enquanto trabalhava. Havia ali concentração absoluta e uma tensão criativa indescritível, única. Foi aí que pude compreender a dimensão e o significado da relação do Iberê com o seu trabalho. Ainda hoje comentamos, Maria Elena e eu, o aspecto interessante da inquietação e da insatisfação produtiva do Iberê. A busca da excelência fazia parte da vida dele de uma forma absoluta.

Essa paixão impetuosa pelo trabalho acompanhou Iberê até seus dias finais de vida. Tina Zappoli, uma das mais conceituadas *marchands* do Brasil e amiga do Iberê, conta uma história impressionante.

Em 1994, Tina e Marinho Neto, seu companheiro, foram visitar Iberê em um hospital em Porto Alegre, onde ele lutava contra um câncer. Transcrevo as palavras da própria Tina: "Tivemos, Marinho e eu, uma oportunidade emblemática na vida. Na véspera de sua morte, Iberê já estava no Hospital Pereira Filho, e fomos visitá-lo. Quando lá chegamos, o vimos agonizante e agoniado, porque tentava falar, mas nem a Maria (Maria Coussirat Camargo, esposa de Iberê) o entendia. Nós ficamos também agoniados, e, por uma coincidência divina, entendi o que ele queria: caneta Pilot e papel. Queria trabalhar. Isso entendido, saímos às pressas até a Casa do Desenho a comprar o que ele necessitava. Soubemos que, com esse material à mão, ele trabalhou, literalmente, até morrer. Sempre pensando em ir além naquilo que estava fazendo. Porque, na verdade, um artista nunca está satisfeito com o que faz. Sempre procura ir além. Ele estava trabalhando o painel *Solidão* (último quadro de Iberê, que chegou a ser assinado, mas que não terminou de ser pintado). Só que, no hospital, era noutra dimensão. Ele repetiu no papel os traços de *Solidão*, na escala do papel. Mas, com certeza, para ele, ainda que agonizante, era o painel em que ele estava trabalhando. Não temos dúvida quanto a isso".

É uma história de força humana magistral. Passadas décadas, até hoje consigo olhar para os quadros do Iberê e admirar, com emoção, essa capacidade inquieta de buscar sempre, até alcançar, a excelência. É o único artista com o qual tenho, até hoje, esse tipo de relação constante e ininterrupta, mesmo tantos anos depois do seu falecimento.

Nos seus últimos anos de vida, ele me falava muitas vezes sobre a preocupação a respeito do que aconteceria com todo esse acervo fantástico que ele conseguiu acumular. Iberê vendeu muitas obras, mas manteve consigo um acervo extenso, principalmente graças ao cuidado, à atenção e à dedicação da dona Maria. Lógico que os amigos de Iberê também ajudaram, mas ela é uma figura fundamental. Ela fez a gestão da carreira do marido com uma eficiência notável. O caderno da dona Maria era um exemplo. Ali ela anotava, antes de o computador se popularizar, cada obra vendida, com suas características, preço e identificação do comprador. Hoje esse material ajuda a contar a história do Iberê de uma forma única.

Aliás, dona Maria teve uma influência enorme para que se criasse esse acervo e para que ele fosse transferido para a Fundação Iberê Camargo, que nasceu com um patrimônio incrível e que hoje é incalculável. Ela doou o acervo à fundação que leva o nome do marido.

As obras de Iberê atingiram valores que chegam a milhões de reais, aumentando nossa responsabilidade com o seu legado fantástico, incluída a parte negociada com a filha de Iberê, que recebeu um valor importante pelos quadros que hoje fazem parte desse patrimônio cultural à disposição do público brasileiro e do de dezenas de países que registram suas visitas ao prédio da Fundação Iberê Camargo.

Com o falecimento de Iberê, em 1994, um grupo de artistas, amigos e admiradores do Rio e de Porto Alegre começou a se reunir para discutir como conduzir o legado deixado. A casa onde morava, na Zona Sul da capital gaúcha, já tinha uma estrutura bastante boa para guardar e preservar os quadros. Antes de prosseguir na história do prédio que seria erguido mais tarde, abro e fecho parêntesis para destacar também o papel de Eduardo Haesbaert, auxiliar de Iberê e um excelente pintor.

Eduardo é, até hoje, uma peça-chave na administração e cuidado do legado do Iberê. Eduardo foi figura-chave na transferência do ateliê do mestre para as instalações erguidas às margens do Guaíba. Graças a esse movimento, artistas de renome puderam imprimir gravuras na mesma prensa usada por Iberê, um dos projetos mais interessantes promovidos pela instituição.

Voltando ao processo de construção da nova sede, quando Iberê conversava comigo, eu ficava inquieto. Talvez pela nossa amizade, pelas identificações na busca de excelência, Iberê despertou em mim, sem eu perceber, um sentido de responsabilidade para que assumíssemos, com a comunidade e a sociedade, a missão de manter e preservar o seu acervo. Esse foi um fator decisivo nas escolhas que seriam feitas anos depois. Criei uma frase que serviu de motivação para ir em frente com os desafios que viriam. Em uma comunidade, nasce um Iberê a cada cem ou duzentos anos. As pessoas que acompanharam e que conhecem a obra dele não divergem muito dessa minha opinião.

Com esse desafio nas mãos, reuni alguns arquitetos, sob a liderança do arquiteto Pedro Simch, que já havia liderado outros projetos pessoais e da Gerdau. O objetivo era definir quem deveria ser o responsável pelo projeto da construção de um museu. Primeiro teríamos de conseguir um terreno, para depois escolher o arquiteto. Em um ato de grandeza, o prefeito Tarso Genro fez a doação da área. Então fomos em busca de dez profissionais que construíram e formaram os principais museus de artistas do mundo.

Dona Maria, por exemplo, preferia Oscar Niemeyer, sem dúvida um dos maiores nomes do mundo quando se fala em beleza, suavidade e equilíbrio das formas. Porém, fui a um museu projetado por ele e vi que a atenção dada à área do acervo, onde se guardam e se preservam as obras de arte, não se enquadrava nas nossas expectativas. Esse era um ponto inegociável. Mais uma vez, impôs-se a visão empresarial, que apontava o caminho da preservação do valor, de forma perene e sustentável. E essa preservação, feita da maneira correta, acabou criando uma espiral de geração de mais valor.

Há uma série de peculiaridades técnicas que passam não apenas pelo tamanho da área, mas também por iluminação, acessos, segurança, temperatura e umidade no ambiente. Tivemos a sorte de encontrar o arquiteto Álvaro Siza, português que tinha vínculos emocionais com o Brasil, pois seu avô vivera aqui alguns anos. Escolhemos como engenheiro principal José Luiz Canal, responsável por algumas obras da Gerdau, e que depois passou alguns anos na Espanha, nos principais escritórios que desenharam os projetos das grandes obras para a Olimpíada de Barcelona, em 1992, considerada uma das melhores de todos os tempos, principalmente pela qualidade e quantidade das melhorias urbanísticas realizadas nessa época. Canal veio com uma bagagem fantástica. É outro fanático que continua sempre em busca da excelência.

Então, tínhamos Iberê, Siza, Canal, eu e o sonho de buscar excelência na obra. Acho que foi a sorte que nos reuniu. Conforme o tipo de fé que você tem, é possível afirmar que tudo foi administrado lá de cima. A verdade é que nós quatro, cada um dando sua parte, conseguimos realizar uma obra fantástica, que está hoje na avenida Padre Cacique, na orla do Guaíba. As evoluções e melhorias que Porto Alegre está recebendo nessa região tornam o nosso museu ainda mais impressionante e imponente.

Tivemos a extraordinária participação e dedicação da construtora Camargo Corrêa, que exerceu o papel importantíssimo de executora da obra. Quem visita o museu percebe que não existe canto em que não haja a mão, a inteligência e o capricho do arquiteto e do construtor. Cada parafuso, em cada canto, foi estudado com absoluto esforço e primor para que tudo funcionasse e tivesse harmonia.

A minha experiência diz que excelência é uma profunda motivação para buscar o que há de melhor, mas não pode ser alcançada sem uma noção de equilíbrio e sustentabilidade. Isso diz respeito ao projeto, mas também à colaboração dos envolvidos. O Rio Grande do Sul conseguiu dar para o seu maior artista um museu como nenhum outro artista do Brasil recebeu. Fico muito feliz, porque é o resultado de uma mobilização da comunidade. A lei de incentivos ajudou de forma importante, com aportes de empresas parceiras. O prédio está aí graças a um esforço coletivo, para orgulho da nossa cidade de Porto Alegre.

Desde a inauguração, foram dezenas de exposições realizadas, trazendo obras de Iberê Camargo e de artistas nacionais e de várias partes do mundo. Merece referência

*“Excelência não pode ser alcançada sem uma noção de equilíbrio e sustenta-bilidade.”*

a equipe de profissionais e de executivos, principalmente o nosso amigo Emilio Kalil, que conseguiu trazer acervos e exposições extraordinárias para Porto Alegre. Fábio Coutinho, que foi diretor da Fundação, marcou a sua passagem pela busca do reconhecimento internacional, tanto para o museu quanto para o artista. O engenheiro Canal, que se dedicou de uma forma fantástica, conquistou, com essa obra, ainda mais respeito nacional. Hoje é solicitado para grandes projetos de arquitetura de museus e de obras públicas.

Álvaro Siza conseguiu, com o projeto do Museu Iberê, dois prêmios extraordinários. Como o melhor museu, recebeu o Leão de Ouro na Bienal de Arquitetura de Veneza, em 2002, uma das premiações mais importantes do mundo. Recebeu também um segundo reconhecimento, o Mies Crown Hall Americas Prize, em 2014. Esse prêmio, concedido pelo Instituto de Tecnologia de Illinois há mais de duzentos anos, foi resultado da visita de uma missão que correu o mundo avaliando museus. Apesar de pouco conhecido aqui, ele tem grande prestígio e relevância. O fato de uma instituição no sul do Brasil tê-lo conquistado nos deixa orgulhosos, pela dimensão do esforço coletivo nessa jornada. Esses são dois reconhecimentos que nos dão uma satisfação enorme, porque conseguimos, com essa paranoia em busca de excelência, dar a Porto Alegre um museu de primeiríssima qualidade, nada mais, nada menos do que merece Iberê Camargo.

É importante reconhecer também o apoio do poder público, por meio dos governos estadual e municipal, com a participação do governador Antônio Britto e do prefeito Tarso Genro, que colaborou para que pudéssemos construir nosso estacionamento subterrâneo, importante para facilitar o acesso da população e para a sustentabilidade econômica do museu. Cabe ainda um agradecimento enorme pela sensibilidade e percepção desses dois homens públicos para que o projeto pudesse ser realizado.

Mais do que tudo, o Rio Grande do Sul mostrou uma capacidade de mobilização que nenhum outro artista inspirou. Não faltam outros bons artistas no Brasil que mereceriam esse reconhecimento, mas não houve mobilização social comunitária para isso nas dimensões que conseguimos em Porto Alegre.

## MEU PRIMEIRO DESAFIO

Ainda muito jovem, morando em Buenos Aires, participava de um grupo tipo os escoteiros. Nos finais de semana, ficávamos fazendo exercícios, natação, e tínhamos campo esportivo para competições, sempre aos sábados e domingos. Eu era muito jovem. Com 4 anos de idade, já tentava acompanhar os irmãos mais velhos, copiando o que eles executavam.

O primeiro desafio pessoal do qual me lembro foi com essa idade. Vendo meus irmãos saltarem de um trampolim de três metros de altura, resolvi imitá-los. A sensação, apesar de ter conseguido, não foi muito boa. De certa forma, aprendi que existe um tempo certo para ousar e que precisamos de treinamento e maturidade para enfrentar determinados desafios.

Na Argentina, depois das aulas no colégio, as crianças formavam grupos de briga, numa espécie de luta livre. Era uma tradição bastante interessante e agitada. Quando vim para o colégio no Brasil, estranhei muito, porque esse costume estranho não existia por aqui. Comecei a frequentar o Colégio Farroupilha. Na entrada e na saída, notava-se absoluta harmonia entre os amigos.

Logo que chegamos a Porto Alegre, formamos um time de futebol; chamava-se Os 11 Garotos. Era um grupo de amigos que tinha um campo de futebol em frente ao Clube Leopoldina Juvenil, ao lado da casa do Luiz Fernando Koch. Os dois irmãos eram tenistas campeões internacionais, e naquele campinho jogávamos futebol. Geralmente, eu ficava de goleiro, mas também me arriscava na ponta esquerda.

Durante um tempo, nadei no Grêmio Náutico. Consegui ganhar algumas competições, graças ao apoio do professor Capra, que era o treinador e professor de ginástica do Colégio Farroupilha. Ele estimulou o meu desenvolvimento nas competições de natação. Menciono isso porque, dentro da minha formação global, a vida esportiva sempre teve uma importância significativa.

Quando terminei o segundo grau (hoje ensino médio), tive que decidir se iria para o científico clássico ou faria outro curso. Como ainda não sabia o que queria estudar, resolvi fazer um curso de contabilidade. Foi extremamente útil. Estudava à noite e comecei a trabalhar quando completei 16 anos. Essa rotina me ofereceu maturação profissional rápida e uma mudança de visão na busca da eficiência, com resultados que modificaram o meu modo de ver o mundo.

Fui um aluno de nível médio ou até um mau aluno nos primeiros anos do colégio, pois não tinha muito interesse nos estudos. Porém, com a entrada no curso de contabilidade, tudo mudou. Desenvolvi uma visão já pragmática, voltada ao trabalho real. A vivência na empresa formatou rapidamente minha consciência de responsabilidade.

Nesses primeiros anos, passei pelos mais diversos setores dentro da fábrica da metalúrgica Gerdau, seja na fábrica de pregos, na oficina de manutenção ou acompanhando a comercialização e preparação de produtos. Naquela época, vendíamos grandes pedidos de pregos para o Nordeste.

Outro empreendimento importante foi fundado pelo Walter Gerdau, irmão de Hugo e filho de João Gerdau. Era uma fábrica de móveis vergados de Viena. A marca e a tecnologia eram Thonet, que inclusive passou a ser uma marca no Brasil, a Thonart. Esses móveis vergados eram feitos dessa madeira açoita-cavalo, que existia aqui no Rio Grande do Sul.

Assumi a gerência da fábrica de pregos aos 22 anos de idade. Com poucos anos de trabalho e vivência, depois de ter feito o curso de Contabilidade, optei pela faculdade de

Direito. Formei um grupo com mais sete colegas da UFRGS: Paulo Orval, Solange Tagliari, Luiz Fernando Koch, Oswaldo Peruffo, Mauro Viola, Milton Soares e Alfredo Englert. Fizemos o vestibular juntos e assim nos mantivemos por todo o curso. Até hoje continuamos nos reunindo.

Na faculdade, tínhamos uma colega que tomava nota de todas as aulas. Chamava-se Marlene. Eu aproveitava e copiava os textos. Datilografávamos em papel-carbono, depois pressionávamos em uma espécie de gelatina, que se transformava em matriz de impressão. A partir desse processo inicial, fazíamos cópias no mimeógrafo. Foi assim que criei o meu grupo de relacionamento, pois esse material era extremamente útil na preparação para os exames.

Outro ponto interessante na minha vivência foi ter professores inteligentes e diferenciados na faculdade de Direito, o que para mim foi extremamente importante. Falarei sobre eles mais adiante.

## SALTO DE QUALIDADE

O hipismo é uma atividade de lazer focada na excelência, alinhada com todas as áreas da minha vida, solidificando vínculos familiares e reafirmando a importância do esporte na educação. A tradição do hipismo na minha família está na quarta geração, com minha filha, neto e filho competindo em alto nível. As medalhas e premiações internacionais conquistadas por eles, inclusive em Jogos Olímpicos e campeonatos mundiais, não são um fim em

"A organização é o que propicia o alcance de objetivos, e ela começa na família, na gestão do lar."

si mesmas, mas o resultado de muito trabalho, disciplina e capacidade de aprendizado. Foram muitos os obstáculos no caminho até os pódios.

Essa obstinação pela qualidade me levou a colocar três cavalos em uma mesma Olimpíada. Dois conquistaram medalhas de bronze pela equipe brasileira. O terceiro integrava a equipe da Suíça. O mundo cria, por ano, ao redor de 150 mil cavalos para o esporte. Eles estão, teoricamente, aptos a competir em alto nível durante cinco anos, dos 8 aos 14. Se nós multiplicarmos 150 mil por 5, teremos 750 mil cavalos cujos criadores sonham estar na equipe de salto de um país. Ao redor de 75 cavalos conseguem e, em Atlanta, consegui colocar três cavalos entre eles, provavelmente um recorde mundial.

A excelência é uma filosofia que permeia minha vida, inspirada pelo exemplo do meu pai, que aprendeu sobre o cuidado com cavalos desde jovem. Comecei cedo no hipismo, influenciado por instrutores renomados, como o major Franco Paccini, um imigrante que fez parte da equipe olímpica italiana e que trouxe técnicas avançadas ao Brasil.

A tradição familiar continuou com a criação de cavalos, impulsionada pelo aprendizado de padrões internacionais. A integração de técnicas de países com ampla tradição no esporte foi crucial.

Minhas conquistas como cavaleiro e criador de cavalos refletem dedicação e busca incessante pela excelência. O Brasil, embora distante do eixo competitivo, pode evoluir com intercâmbios e trabalho dedicado. A busca pela excelência no hipismo é um caminho contínuo e integrado com todos os valores e ações que dão sentido à minha vida.

## ORGANIZAR PARA ALCANÇAR OBJETIVOS

A organização é o que propicia o alcance de objetivos, e, como muitos dos principais valores que herdamos, ela começa na família, na gestão do lar. Daí se estende a governos, a grandes corporações e, embora pareça para alguns algo muito vago, ao futuro do planeta que habitamos.

Conjugar e organizar pessoas, metas, valores e propósitos exige disciplina, capacidade de adaptação e persistência. Esse é um tema muito discutido, mas ainda pouco aprofundado na dimensão necessária, que é ampla.

Existe uma fuga do debate e da análise da governança, porque isso exige definições nem sempre fáceis de alcançar, com subordinações e limites. É extremamente importante que se faça análise de custo e benefício. No Brasil e no mundo, não temos a cultura de aprofundamento dessa análise. Dificilmente alguém sabe definir os custos da governança de uma Assembleia Legislativa ou de um hospital público. Poderia tomar exemplos ainda de temas complexos, como a educação. Um dos maiores temas a serem enfrentados na educação brasileira passa pela governança.

Assim, eu diria que qualquer um de nós deve se colocar com absoluta humildade perante a análise e o debate desse tema, pois ele é definidor da evolução do nosso país e da humanidade.

## FATOR-CHAVE

O principal fator que determina o sucesso ou o fracasso de uma empresa, instituição ou governo é a gestão das pessoas. Li, ouvi e refleti muito sobre esse tema. Usei os aprendizados a favor de uma visão, até certo ponto, intuitiva. O conhecimento acadêmico e técnico é fundamental. Minhas dúvidas e certezas, porém, sempre têm a vida real e a prática como balizadoras. Não há incompatibilidade entre esses dois campos – teórico e prático. Ao contrário. Mas minha trajetória me conduziu a uma visão de realização e de concretude. Me sinto mais motivado quando aprendo e posso aplicar na geração de valor para a empresa, para seus colaboradores e acionistas e para a sociedade mais ampla.

Herb Kelleher, um dos fundadores da Southwest Airlines, disse uma frase sábia: "The business of business is people" [O negócio dos negócios são as pessoas, em tradução livre]. Prefiro uma versão mais compacta, repetida por mim centenas de vezes: "Business is people", ou, numa tradução livre, "O negócio são as pessoas". Essa é uma verdade-chave em um processo de desenvolvimento.

Na Gerdau, a convicção de investimento no ser humano continua sendo um dos pilares do nosso crescimento. Sempre foi assim, desde o começo. Nossos pais nasceram no norte da Alemanha, onde respeito ao próximo não era uma opção. Era parte da vida, por influência cultural e religiosa.

Meus três irmãos e eu fomos educados com esses valores, que encontraram um ambiente favorável no Rio Grande do Sul. Aqui, diferentes culturas conseguiram construir um espaço de convivência. É claro que há problemas e ainda precisamos evoluir. Mas, em comparação com outras regiões do Brasil e do mundo, há vários pontos positivos desse modelo.

Quando começamos a participar da Açominas, tínhamos uma fatia relativamente pequena do negócio, 10% dele. O Banco Central e outros acionistas é que controlavam a empresa. Fomos crescendo gradativamente. Desde sempre, muito antes de virar moda, a Gerdau usava o termo "colaborador", como mencionei, em vez de operário ou funcionário, que eram mais comuns na época. A palavra define uma relação de trabalho. Colaborar é trabalhar junto. Aprendi com o idioma alemão. A palavra *mitarbeiter* significa, literalmente, o que trabalha junto.

Esse choque cultural me fez ter certeza de que estávamos no caminho certo. Pessoas só trabalham bem e em equipe quando há respeito. O exemplo familiar foi determinante na minha formação, mas sempre gostei de observar. A. J. Renner, um dos mais importantes empreendedores do Brasil, na metade do século passado já se sentava ao lado do motorista, no banco da frente. Com essa postura, ele dizia muito mais do que qualquer tese ou discurso. Ainda muito jovem, isso me chamou a atenção.

Hoje, com as mudanças do processo de liderança e os impactos das tecnologias e da descentralização, as relações de hierarquia rígida do passado são cada vez menos comuns, até porque são ineficazes, salvo em situações muito peculiares, como crises agudas, quando é preciso centralizar decisões e não há, infelizmente, tempo para debates e contrapontos. Mesmo nesses momentos, o trabalho em equipe tem sido cada vez mais necessário.

Décadas atrás, independentemente da região em que trabalhássemos, nossos colaboradores percebiam claramente esse tipo de filosofia, que orienta a cultura histórica da Gerdau. Tenho convicção de que isso é um fator de sucesso, porque todos sentem-se respeitados, e, quando isso não acontece, atitudes devem ser tomadas internamente. O valor do respeito nos foi ensinado de uma forma absolutamente consistente por nossos antepassados. Também graças a isso, nossa expansão para o exterior ocorreu de forma mais natural. Esse foi um dos fatores que nos ajudaram na formação e no entusiasmo das equipes.

Assim como acontece em outras áreas, os costumes e a cultura vão se modificando e evoluindo. Mas os valores, esses são perenes. Por isso, fomos pioneiros na área de gestão de pessoas. Não por algum modismo, mas por uma convicção que está na raiz da empresa e da família. Foi esse mesmo DNA que motivou, ainda nos anos 1960, a implantação de uma gratificação de final de ano, com opção de subscrever ações da Gerdau com preços estimulantes. O efeito foi imediato e inquestionável: maior engajamento das equipes no alcance das metas. Isso tudo já foi e continua sendo amplamente estudado e debatido dentro da Academia, mas, meio século atrás, não era tão óbvio assim.

Nas minhas análises complementares, solidifiquei a convicção de que as sociedades nas quais existem resíduos culturais da escravidão são limitadas em vários aspectos. Elas precisam encarar o desafio da mudança, que já deveria ter acontecido. Por isso a expressão "The business of business is people" é extremamente importante. Ela carrega uma visão filosófica que, no fundo, não pode ser separada da palavra "respeito". Acredito que a palavra mais importante a ser incorporada ao comportamento de qualquer líder e de qualquer pessoa é respeito. Respeito ao próximo, respeito à comunidade, respeito ao cliente, respeito aos colaboradores, respeito ao planeta, respeito às diferenças, respeito às famílias, respeito às leis, respeito aos filhos, aos amigos. Então, onde você puder trabalhar com o respeito, você enriquece a relação.

Nosso pai, sr. Curt, introduziu muito cedo gratificações variáveis. Era possível receber, de acordo com a posição, de um a dez salários extras por ano. O fator determinante era o desempenho individual, independentemente dos números gerais da contabilidade. Nos anos 1960, essas ferramentas já eram utilizadas nas políticas de recursos humanos da Gerdau. A forma de expressar respeito muda com o tempo. Hoje as relações são mais informais, e isso é bom. Mas o seu significado é perene. Respeito leva a resultado.

## TENHA E PRIORIZE O SEU PROPÓSITO

Ter um propósito é encontrar, aceitar e trabalhar por aquilo que nos motiva a sair da cama todas as manhãs. E a voltar para ela para descansar e ter energia para fazer cada vez mais e melhor.

A palavra propósito, para mim, é uma das que orientam a minha trajetória pessoal, quer seja na vida familiar, social ou profissional, mas também quando penso no meu próximo, na sociedade mais ampla. Para ilustrar isso, quero levá-lo a outro ambiente: o mar.

## DIÁLOGO COM O MAR

Subir na prancha era uma aventura. Se hoje ainda exige treino e habilidade, imagine na época em que ela era feita de madeirite, um material com pouca flutuação. O ritual era complexo. Usávamos um pé de pato para dar o impulso na onda. O outro pé, descalço, era o primeiro apoio para ficar em pé no tabuão.

Na década de 1960, comecei a viajar ao Rio de Janeiro praticamente toda semana. A Gerdau investiu na siderúrgica

Cosigua, um projeto estatal que foi assumido por nós quando era apenas um terreno em Santa Cruz, na zona oeste da cidade. Nos hospedávamos na zona sul, em Ipanema. Era a nossa base para acompanhar a obra. Foi então que descobrimos o surfe. Conhecemos alguns surfistas locais que praticavam o esporte de forma pioneira. Um deles tinha o apelido de Barriga (Irencyr Beltrão). Ele e sua turma desciam suas primeiras ondas na praia do Arpoador, com equipamentos rudimentares, mas com paixão e adrenalina. Klaus, Frederico e eu puxamos conversa para entender melhor aquele ritual mágico de contato com a natureza. De fato, o mar não era novidade para nós.

Éramos veranistas tradicionais da praia de Torres, frequentada por nossos avós numa época em que chegar lá, a partir de Porto Alegre, era uma epopeia. Quando começamos a passar os verões lá, a situação era um pouco melhor, mas não muito, do que a relatada pela minha mãe. Ela conta que, na sua infância, não existiam estradas, muito menos carros confiáveis. Um trecho da viagem era feito por barco e, depois, prosseguia em uma carreta puxada por bois.

As primeiras casas de veraneio da então pacata Torres foram de Walter Gerdau, nosso tio-avô, e da família Bier, na subida do morro do Farol. Meus pais também construíram sua casa, assim, nós, desde cedo, já frequentávamos a região. No mar, praticávamos "jacaré", que nada mais é do que descer a onda de peito, sem nenhum equipamento.

*"Ter um propósito é encontrar, aceitar e trabalhar por aquilo que nos motiva a sair da cama todas as manhãs."*

**A BUSCA** | JORGE GERDAU

Essa foi uma experiência importante para o que viria depois. O mar de Torres normalmente tinha um banco de areia e, por isso, boas ondas afastadas da praia, absolutamente convidativas ao jacaré. Tínhamos a nossa referência.

Um dos pioneiros daquela época é o engenheiro Ernesto Woebcke, proprietário da construtora que leva seu nome. Ele tinha uma prancha de jacaré, uma novidade naqueles tempos. Era um dos únicos a se aventurar mar adentro. Ficávamos admirados com a sua coragem, pois encarava sozinho essas grandes ondas. Para chegar mais fundo, precisava furar várias delas.

Inspirados por esse ambiente desafiador e sempre na busca de oportunidades, compramos nossas primeiras pranchas de surfe, durante uma das tantas viagens ao Rio, em uma carpintaria que ficava entre Copacabana e Ipanema. Guardo a minha até hoje, pendurada numa parede da casa de praia, em Santa Catarina. É uma relíquia, mas, na época em que foi fabricada, era pura inovação: a empresa tinha desenvolvido um projeto que dava ao madeirite certa curvatura, para que pudesse "furar" melhor as ondas.

Mais tarde, surgiram as pranchas de isopor, mas eram importadas. Compramos algumas no Rio de Janeiro, de segunda mão, do pessoal que tinha mais experiência.

Eram, no máximo, meia dúzia de pioneiros. Essas pranchas de isopor tinham quase três metros de comprimento e flutuação muito superior se comparada à da referência que tínhamos. Foi então que dispensamos o pé de pato.

Naquele tempo, o objetivo era pegar a onda e conseguir ficar de pé. Apenas isso. As manobras e a técnica que vemos hoje nas competições começaram a ganhar corpo bem depois, com pranchas muito menores.

O esporte se desenvolveu muito, chegou às Olimpíadas. Vejo com muita alegria a participação feminina cada vez maior. Não era assim no começo. Mais do que um esporte, o surfe me fascina por alguns motivos especiais. Em primeiro lugar, porque exige a capacidade de chegar até a rebentação, onde as ondas quebram. Para tanto, é necessário nadar contra a corrente e contra a força das ondas que mais tarde nos impulsionarão para a frente, de volta para a praia.

É interessante pensar como a mesma energia pode ser um problema ou uma solução, dependendo de como nos posicionamos em relação a ela. Para chegar aonde queremos, é preciso analisar essas forças e compreendê-las. Essa tomada de decisão é movida, em parte, por fatores absolutamente dinâmicos. Essa é a essência do diálogo com o mar. Nessa conversa, é fundamental saber avaliar. Sem isso, há desperdício de energia e frustração.

O mar fala. O surfista responde e propõe, depois. Por um lado, o mar tem certa regularidade nos seus movimentos. Por outro, cada onda é diferente. São lições e vivências totalmente aplicáveis na vida.

No fundo, o que define o sucesso na escolha da onda em que se deve investir é a sensibilidade que nasce desse diálogo constante. Às vezes, a conversa é suave e longa. Em outras, as frases são rápidas e inesperadas. Recorri muito a essas lições em mesas de reuniões e em negociações complexas. Agilidade, capacidade de adaptação e coragem para decidir: assim se encaram as grandes ondas.

Quem surfa aprende o que significa dialogar e, assim, a entender o mar. É melhor começar pelas ondas pequenas, mas essa lógica vale inclusive para Portugal, que tem a maior onda do mundo, com mais de 25 metros de altura.

Voltando aos primórdios do surfe no Brasil, adorávamos Torres, mas queríamos mais opções. Um dos fatores que definem o melhor local para o surfe é o vento, que influi na formação das ondas. Nossa curiosidade nos levou na direção norte. Começamos a pesquisar o litoral de Santa Catarina, quando ainda não existia a rodovia federal asfaltada. Íamos por aquelas estradas absolutamente sem condições. Eu tinha um Aero Willys. Antes disso, dirigia um DKW. Mas esses carros não aguentavam a viagem. No meio do caminho, perdíamos de duas a três horas na oficina para consertar o amortecedor, que sempre afrouxava. Era uma irritação, mas não havia opção.

Além dos buracos na estrada, íamos com o carro mais carregado, pois levávamos toda a família, esposa, crianças, amigos, pranchas, roupas e tudo mais. Começamos a surfar relativamente tarde, eu aos 28 anos. O surfe hoje é esporte global, bem estruturado. Para nós, na época, era absolutamente esporte, lazer e diversão.

Era um esporte de verão, porque não havia roupas térmicas apropriadas. Azar. Muitas vezes, encarávamos o frio em nome da aventura, que não acontecia só dentro da água. Uma viagem de Torres a Imbituba levava oito horas. Ficávamos no hotel do porto, que era uma conexão logística importante com as minas de carvão da região. A acomodação era totalmente simples, suficiente para o que precisávamos: um chuveiro e uma cama para dormir entre um dia de surfe e outro.

Imbituba era uma cidade pequena e simples. Tinha uma colônia pescadora muito forte. Foi nesse contato com os pescadores que começamos a aprender sobre os melhores pontos para surfar. A própria bacia de Imbituba era um deles, nas ressacas fortes de vento sul. Foi ali que peguei as maiores ondas da minha vida. Ainda hoje recordo o impacto de uma onda que peguei lá. Calculo que deveria ter entre 4 e 5 metros de altura. Tomei um "caldo" que me deixou assustado.

Quando penso naquele momento, percebo até hoje resíduos de sensação do mar me mantendo oprimido no fundo depois da queda da prancha. O movimento da correnteza debaixo da onda não me permitia subir. No fim, deu tudo certo. Cair faz parte. Saber levantar, também. É nessas horas que o diálogo com o mar se transforma em uma pergunta que precisa de resposta imediata. E certa.

Sacolejando no carro, visitamos praticamente todas as praias e baías entre Laguna e Florianópolis. Nessa região

“Quem surfa aprende o que significa dialogar e, assim, a entender o mar. Cair faz parte. Saber levantar, também.”

de Santa Catarina, mais próxima a Imbituba, começa a ligação direta da Serra do Mar com o litoral. Dali para baixo, até o Uruguai, com pequenas exceções, são praias retas, sem morros. De Imbituba para cima, há recortes e baías que oferecem opções de surfe para todos os tipos de vento.

Mas Torres era a nossa base. Foi lá que organizamos as primeiras competições no Sul, que tinham nossos amigos cariocas como juízes e orientadores. O Barriga veio ao Rio Grande do Sul e causou surpresa ao aparecer com sua namorada, que usava biquíni. A novidade foi recebida com surpresa naquele ambiente ainda tão tradicional. Nessa época, nossos filhos e os filhos dos nossos amigos começaram a aprender a surfar. Eu continuava a aprimorar a capacidade de diálogo com as ondas, as correntes e os ventos. E buscava mais.

Uma das consequências da ida para Santa Catarina foi o nascimento de um sonho, o de adquirir e preservar uma praia. Compramos, pedacinho por pedacinho, uma faixa ao norte da Praia do Rosa. Posso afirmar que, na época, uma boa parte dela custou menos do que um Fusca. O preço foi justo. Era um local isolado, desconhecido e até certo ponto hostil. Meus irmãos e eu temos orgulho de manter, até hoje, a natureza praticamente intocada em toda a extensão da propriedade, que ficará como legado para nossos filhos e netos, todos surfistas.

Na época, a venda dos terrenos foi positiva para seus antigos donos, que viviam da pesca e da plantação de mandioca, sem assistência médica e infraestrutura. As famílias viviam absolutamente isoladas, e os recursos da venda abriram novas possibilidades para todos. Uma das nossas primeiras providências foi ajudar na construção de um posto de saúde, que existe até hoje. De fato, não pensávamos em lucro financeiro. Queríamos fugir da opressão barulhenta das cidades e preservar esse lugar mágico. Mais uma vez, o propósito é a fonte da geração de valor. Um valor único, que não tem preço. O diálogo com o mar é uma forma incomparável de aprendizado.

# O CENTRO DE TUDO

A felicidade e o bem-estar têm dimensões individuais e coletivas, inseparáveis e necessárias para o desenvolvimento social e econômico. Além disso, cada vez mais, derrubam-se as barreiras entre o ser humano e a natureza. Não há separação. Tudo é uma coisa só e interdependente.

Meu professor de latim na universidade era Elpídio Paes, que realmente se distinguia entre os professores. Mas os três professores mais importantes foram Ruy Cirne Lima, Armando Câmara e Leitão de Abreu, que foi chefe da Casa Civil no governo do presidente Médici.

Esses três professores foram extremamente importantes, mas tenho uma passagem muito relevante com o professor Armando Câmara, que dava aulas às sextas-feiras no final da manhã. Com motivação e empolgação, o professor nunca conseguia terminar as aulas ao meio-dia. Convidava-nos, caso tivéssemos interesse, a visitá-lo na sua casa no sábado à tarde, e ele continuaria com a exposição do conteúdo.

Aproveitei esse período para ter o privilégio de estar com um professor extremamente extraordinário e brilhante como foi Armando Câmara. Aquela casa até hoje está em pé, e fica ao lado da Assembleia Legislativa, defronte ao Palácio do Governo. O Solar dos Câmara é um patrimônio tombado pelo Instituto do Patrimônio Histórico e Artístico Nacional em 1981 e até hoje preservado.

Todo o ambiente cultural da casa onde nos reuníamos com o professor Armando Câmara tinha certo simbolismo de cultura, poder e inteligência política que indiscutivelmente foi um fator importante na nossa formação na faculdade de Direito.

Ponto interessante foi que, logo após eu ter me formado em Direito, fiz uma viagem para a Alemanha e passei alguns meses fazendo extensão universitária em finanças, mas principalmente no campo econômico e financeiro. Eu tinha grandes dúvidas sobre que tipo de curso deveria fazer. Um de meus irmãos, Germano, tinha feito Economia, e o meu outro irmão, Klaus, fez Engenharia. Assim, em minha formação global, embora tivesse decidido pela faculdade de Direito, isso se deu por influência do professor Ricco Harbich, que lecionava na PUC. Eu estava em dúvida sobre que curso fazer, e ele recomendou a faculdade de Direito, pois dizia que eu não iria me arrepender, já que essa formação sempre seria útil. E, de fato, realmente é, em minha vida empresarial e política, no sentido mais amplo da palavra, em que essa vivência de cultura global sempre tem lugar de relevância.

No começo do trabalho, os irmãos já tinham uma área definida. Germano ficava com a parte comercial, Klaus com a área industrial, e eu peguei a área administrativo-financeira e de recursos humanos. Posteriormente, Frederico, que era cinco anos mais novo, ficou com a área financeira quando entrou na empresa, Mantive a área de recursos humanos e assumi planejamento estratégico e relações institucionais, já naquela época, por causa do aço, que era uma atividade eminentemente estatal no Brasil. A condução desse tema foi bastante importante e me ajudou muito em nível empresarial e em outras questões da vida. Sempre pude, em minha formação, exercer um papel importante na comunidade e nos interesses da sociedade como um todo.

Muito cedo, passei a ser vice-presidente da Federação das Indústrias – era praticamente dez anos mais moço que os outros diretores. Tive o privilégio de conviver com Plínio Kroeff, Herbert Renner, Luiz Mandeli e Paulo Vellinho, que eram vice-presidentes. Eles me deram a oportunidade de ter uma vivência e proximidade desde muito cedo.

Com as missões que Plínio Kroef empreendia, ele era um lutador de interesses políticos globais do setor empresarial. Naquele tempo, o Rio Grande do Sul já tinha um peso enorme no Brasil. Vamos dizer que hoje, em proporção ao

Brasil todo, a posição do Rio Grande do Sul, embora continue importante, é relativamente pequena, com seus 10 milhões de habitantes; mas, anteriormente, a posição do Rio Grande do Sul era realmente de destaque fora de São Paulo – o Rio era o principal estado de uma forma absolutamente significativa, pela sua capacidade produtiva, cultural e pela forte presença militar na região.

Com menos de 30 anos, pude aprender com a convivência e os contatos com o governo João Goulart, em reuniões de debate com o setor público. Tive muito cedo essa vivência, de uma forma importante, que depois nos auxiliou bastante nas diversas negociações da política da Gerdau, que se espraiou pelo Brasil e pelo mundo.

Começamos no Rio Grande do Sul e depois crescemos gradativamente para operações de metalurgia em São Paulo, depois siderurgia no Paraná, em Recife, no Nordeste e assim por diante. Fomos crescendo para depois fazer uma principal usina fora do Rio Grande do Sul, que foi a Cosigua, no Rio de Janeiro, na qual também tive negociações importantes para fazer, principalmente porque era um projeto governamental e tinha incentivo fiscal por vinte anos. Fizemos a compra dessa empresa, e isso nos ajudou bastante no crescimento das atividades no Rio de Janeiro.

Dentro desse processo, menciono a conexão da vivência de condução política que fiz muito cedo, na convivência na Federação das Indústrias do Rio Grande do Sul. Mas nessa visão gradativamente nacional, pelo

*“Cada vez mais, derrubam-se as barreiras entre o ser humano e a natureza. Tudo é uma coisa só e inter-dependente.”*

desenvolvimento e compra de empresas e estabelecendo políticas em negociações de incentivo nessas regiões, foi imprescindível toda a minha formação cultural no campo do Direito. Os professores que tive, indiscutivelmente, foram importantes no desenvolvimento e crescimento da Gerdau.

Trabalhamos fortemente nessa visão de crescimento com os irmãos, mas tivemos dois diretores profissionais que compuseram a diretoria executiva do grupo Gerdau cujas presidência e coordenação cabiam a mim. Eles foram Carlos João Petry e Luis Celestino Pedó, executivos excepcionais que nos ajudavam a fazer a condução global do negócio, por meio do Comitê Executivo.

Em um próximo momento, começamos a olhar o mercado mundial, assim que atingimos um patamar próximo ao nível de 50% da produção brasileira em produtos longos, sendo nossos concorrentes muito fortes, como Votorantim e Belgo Mineira, que tinham posições de mercado consolidadas; para se conseguir mais 0,5%, era preciso travar uma guerra quase impossível de ser vencida.

Foi então que começamos a olhar a possibilidade de investir no exterior, e tivemos a nossa primeira compra da usina no Uruguai – uma empresa relativamente pequena, mas que ainda atende à demanda de produtos longos em aço no Uruguai em um nível bastante satisfatório, tendo até hoje resultados muito importantes e bons. Então, tivemos o nosso primeiro passo de internacionalização com a usina no Uruguai.

O segundo passo foi no Canadá, onde adquirimos uma "*mini mill*", usina relativamente pequena, que produz aço por meio de fornos elétricos com uma área de laminação. Foi importante termos iniciado no Canadá, pois criou condições para que depois fizéssemos um avanço importante nos mercados norte-americano e mexicano.

Assim, gradativamente, fomos adquirindo posições na América Latina que se preservam até hoje, e temos uma posição mercadológica extremamente importante na Argentina, no Uruguai, no Chile, no Peru, na Colômbia e depois no México, nos Estados Unidos e no Canadá. Em todas essas negociações, a capacidade técnica de visão de longo prazo e de negociação do nosso time foi um diferencial inquestionável.

No Brasil, fizemos uma aquisição na linha de aços especiais, a Aços Finos Piratini, que era uma empresa estatal criada pelo governador Leonel Brizola e que adquirimos quando foi posta para ser privatizada, em uma grande concorrência com outras empresas do setor siderúrgico. Depois, adquirimos a empresa de aços especiais da Villares, que tinha sido vendida para um grupo espanhol; compramos desse grupo e ficamos com a sua operação no Brasil, vendendo a posição de operação na Espanha na linha de aços especiais.

Essa cultura de aços especiais também foi bastante importante, porque, posteriormente, nos Estados Unidos, ampliamos muito a atuação nesse setor, e somos hoje um dos maiores produtores de aços especiais para atendimento e exigências de qualidade de aço, tipo eixo para motores etc., que exigem tecnologia e qualidade – e isso realmente ajudou a nos diferenciar e consolidar a posição da Gerdau.

Ponto interessante do fato de cada um dos quatro irmãos cuidar de uma área é que evitou conflitos maiores de disputa por posições, já que dependíamos um do sucesso do outro na operação. Germano teve uma competência comercial diferenciada, tanto na parte de suprimentos como na distribuição de vendas, com organização feita em todo o país. Esse realmente é um dos fatores de sucesso da Gerdau, e é por suas políticas comerciais que chegamos a 120 mil clientes espalhados pelo Brasil.

Isso serve para mostrar um pouco da tecnologia e da estrutura comercial que aplicamos na parte da sucata, ao criarmos uma estrutura de suprimentos de sucata extremamente eficiente – provavelmente uma das mais eficientes no mundo nesse campo.

O passo seguinte foi a compra da usina siderúrgica de Ouro Branco, na qual passamos a trabalhar com minério de ferro e com altos fornos. Isso nos trouxe crescimento e posicionamento excepcionais. Assim, temos um balanceamento de estrutura de aço na base do minério, com mineração própria em Minas Gerais, onde temos expandido a exploração, e, por outro lado, com a tecnologia de suprimentos de sucata. Também fizemos uma superorganização comercial de suprimentos e atendimento da demanda, tanto no comercial quanto na compra de suprimentos, bem como na distribuição.

Na parte industrial, historicamente, o grupo não tinha experiência tão grande, mas tivemos o sr. Roberto Nickorn, executivo brilhante e que, pela vivência que tinha, nos ajudou na condução da construção da política industrial da empresa e, principalmente, na competência eficiente do gerenciamento de recursos humanos. Isso nos auxiliou de forma notável, eu diria, a ponto de ser um dos fatores de diferenciação que a Gerdau tem obtido e de ter mostrado ao mercado sua formação de equipes gerenciais e executivas.

Praticamente montamos essa estrutura mundo afora, toda ela com executivos formados dentro da própria Gerdau. Tive grande participação na estrutura executiva das várias áreas, principalmente da engenharia, sob responsabilidade principal do meu irmão Klaus, que desenvolveu essa cultura industrial. Gradativamente fomos nos aprimorando, com intercâmbios e conhecimentos de usinas mundo afora, para atingir patamares de produtividade e de eficiência.

No campo administrativo, financeiro e contábil, temos uma experiência básica do nosso pai, que foi diretor-inspetor

*“Os professores que tive foram importantes no desenvolvimento e crescimento da Gerdau.”*

do Deutsche Bank para toda a América Latina, com filiais em todos os países, e no Brasil, inclusive em Porto Alegre. Foi no banco que o nosso pai conheceu a nossa mãe, depois da Segunda Guerra. Ele entrou no negócio da família com grande visão e experiência de qualidade, auditoria e exatidão com os balanços. Cada vez mais esses são os conceitos e princípios extremamente profissionais e rigorosos que formaram a nossa organização.

Na parte de recursos humanos, a formação obtida por Curt também foi um fator indiscutível, por sua visão profissional, que ajudou na nossa própria formação. Sempre tivemos muito orgulho do grande sucesso da política de recursos humanos na formação dos profissionais da Gerdau, e, nesse processo, ele fez parte da construção de nossa cultura de uma forma muito significativa, uma vez que a gestão de recursos ativos é extremamente importante.

Klaus ainda fez estágios de engenharia e metalurgia no exterior muito cedo, e isso também nos ajudou a trazer para o grupo essa experiência – essa conjugação, eu diria – da profissionalização extremamente focada da Gerdau em todas as áreas. A grande explicação do sucesso da Gerdau passou, indiscutivelmente, pela formação de recursos humanos. Investimento na formação de pessoas, remunerações variáveis muito cedo e possibilidade de participação acionária dos colaboradores foram introduzidos na Gerdau pela cultura de gerenciamento internacional que nosso pai trouxe do Deutsche Bank.

## DINHEIRO

O aperfeiçoamento do sistema financeiro mundial, com a existência de milhares de empresas, instituições e estruturas, nos leva a uma distorção. Passamos a acreditar que o dinheiro é um fim. Não é. Dinheiro sempre foi e sempre deverá ser um meio para o desenvolvimento econômico e social. É lógico que maximizar resultados é importante e deve ser sempre um objetivo das pessoas e das organizações, respeitados os padrões éticos e legais. Mas se tudo isso não servir para que as pessoas, as empresas, os governos, as instituições e as comunidades em geral se desenvolvam de uma forma abrangente, de nada serve todo esse aparato.

A sustentabilidade econômica é a base, o pilar das demais áreas (ambiental, cultural, política e social). Sem as outras, porém, a sustentabilidade econômica perde totalmente o propósito, gerando, inclusive, potencial de desagregação de valor – aprofundarei esse tema mais adiante. Quando se pensa no dinheiro como um fim, o próprio conceito de sustentabilidade (garantir o resultado de hoje sem comprometer o de amanhã) naufraga. O processo precisa de harmonia. A busca de resultados imediatos, sem um propósito maior, não se justifica.

É importante que se veja o desenvolvimento econômico e os resultados do lucro como meios para atender aos aspectos sociais. Essa lógica em nada conflita com o empreendedorismo, a liberdade individual e a geração de riqueza. Ao contrário. A lógica atual atrapalha a geração de valor. O custo do dinheiro precisa ser considerado em perspectiva mais ampla. Ele é um fator preponderante, mesmo em setores de capital não intensivo. Quando o custo do dinheiro atinge patamares impeditivos à competitividade, todos perdem. Não devemos deixar que a cegueira ideológica contamine o nosso futuro.

Por interesses estreitos, campos ideológicos se apoderaram de conceitos que acabam perdendo seu real significado. Inclusão, por exemplo. Parece óbvio, mas deixou de ser: incluir significa gerar mais renda, mais consumo, mais impostos, mais dignidade, mais felicidade do indivíduo e mais desenvolvimento coletivo. Isso não é comunismo nem liberalismo: é bom senso.

# GOVERNO E SOCIEDADE

O respeito ao indivíduo, às suas liberdades e ao seu direito à felicidade só está completo quando entendemos que existe uma dimensão de relação com o próximo.

A radicalização do ambiente político e o exercício personalista do poder impõem certo constrangimento aos empresários. Teoricamente, é bom para a democracia e para os governos que os empreendedores se posicionem publicamente sobre questões eleitorais e ideológicas, quando os grandes temas do país estão em jogo.

Penso sempre de forma plural. Ninguém deveria ter medo de dizer o que pensa, seja para a direita, seja para o centro ou para a esquerda. É assim, por exemplo, nos Estados Unidos, onde o CEO de uma grande empresa assume uma posição abertamente democrata ou republicana. Se o governo tentar, de alguma forma, persegui-lo por isso, é mais fácil que o governo caia do que ele seja efetivamente vítima de algum revanchismo.

Esse tipo de postura deveria ser encarado com naturalidade, assim como o diálogo institucional com o presidente, os governadores e o Congresso democraticamente eleitos, sejam os preferidos por mim ou não. Podemos não gostar ou não concordar com a linha de ação ou de pensamento de um governante, mas temos, sempre, o dever de construir o melhor, movidos não por vaidade ou interesse pessoal, mas por coerência. O discurso de defesa dos interesses do país e de respeito à democracia precisa se transformar em atos concretos.

Aqui no Brasil, os empresários, entre os quais me incluo, têm de trabalhar com cuidado, evitando posições mais fortes, mesmo que elas sejam para o bem do país, por temor de represálias. Não existe ainda maturidade para aceitar as posições conflitantes ou divergentes. Perde a política, perde a economia, perde o Brasil, perdemos todos. Existe uma frase que reflete bem essa dinâmica: os acionistas não pagam seus executivos para que entrem em polêmicas que possam gerar riscos para a empresa.

Mesmo aqueles que se manifestam muitas vezes adotam um tom de adesão incondicional, reproduzindo a polarização e a agressividade que hoje pautam o debate público. Como são poucos e, de fato, pouco representativos, buscam espaço por meio do exagero. Acabam adquirindo notoriedade e, aos olhos da população, representando a categoria dos "empresários".

A estrutura representativa da classe empresarial no Brasil segue um modelo introduzido por Getúlio Vargas, inspirado no modelo adotado por Mussolini e por Hitler. O voto de cada sindicato empresarial tem o mesmo valor, independentemente do seu peso econômico e social. Essa lógica favorecia, na época, o controle das ditaduras sobre o sistema produtivo. Assim, os fabricantes de guarda-chuvas tinham – e ainda têm – a mesma relevância da indústria automobilística, petroquímica ou siderúrgica. A distorção perdura até hoje. Quando pergunto aos meus colegas empresários se eles sabem o nome do presidente do sindicato empresarial ou da associação que os representa, a resposta, muitas vezes, é não.

O voto deveria ser em proporção ao peso e à importância de cada setor, para que a liderança fosse mais representativa. Presidentes de sindicatos e associações empresariais devem ser escolhidos e avaliados pela condução de todos os processos, sejam eles tributários, sociais ou políticos.

Talvez por isso tenhamos hoje temos estruturas paralelas nas quais os principais setores ou grupos se unem de forma espontânea. De fato, a representação política formal do setor produtivo não corresponde à realidade e às necessidades.

Em geral, os empresários se mantêm afastados do debate aberto, público e construtivo. Os diálogos mais conceituais acontecem em ambientes reservados. Comparando com outros países democráticos, trabalhamos, no Brasil, com um enorme constrangimento. Esse não é o melhor caminho para colaborar com a melhora da construção política no país. Não é apenas no empresariado. Outros setores da sociedade civil poderiam colaborar mais, se deputados e senadores fossem realmente representantes e não tanto protagonistas. A culpa não é só deles, mas de quem se omite. Ainda vivemos em uma democracia incompleta, porque não é totalmente aberta ao debate e às ideias que representam todos os segmentos da sociedade realmente comprometida com a liberdade e com o desenvolvimento. Enquanto os empresários não participarem dessa construção em todas as suas dimensões, não teremos evolução de verdade.

## CONTRATO INTELIGENTE

O contrato é a base das relações em uma sociedade organizada. Seja ele verbal ou escrito, estabelece de forma clara e consensual direitos e deveres. O conceito ganha maior potencial de geração de valor quando somado a uma ideia fundamental: contrato + inteligência. É importante diferenciar a verdadeira inteligência da falsa esperteza.

No mundo empresarial, como em outros setores, se alguém assina um contrato com a sensação de que está levando vantagem unilateral e não transparente, temos um grande potencial de conflito e de desagregação. Contrato inteligente é aquele celebrado para potencializar as qualidades e as fragilidades da natureza humana, que podem ser canalizadas para a construção de algo positivo.

No Brasil, temos hoje dois fatores principais na limitação do nosso desenvolvimento: a falta de governança e as carências na educação. Neste capítulo, vou tratar com mais profundidade sobre o tema político. O tema educação aparece em outras páginas do livro.

Em uma abordagem mais ampla, vejo dois temas políticos vitais para que se criem condições de construção e evolução. Não tenho a menor dúvida: a representação política deve ser escolhida pelo voto distrital, e a composição da Suprema Corte deve ser mais técnica e menos ideológica.

Os contratos inteligentes são o caminho mais curto, barato e eficiente entre propósito e geração de valor. No caso, valores absolutamente fundamentais para a saúde de um sistema democrático.

Hoje, a Câmara dos Deputados é composta, em grande parte, por representantes de corporações e de setores econômicos. Para que garantam a perenidade das suas posições, os parlamentares geralmente trabalham para atender aos interesses de eleitores segmentados. Com o voto distrital, que se consolida em regiões geográficas menores, muda a lógica do jogo. Primeiro, porque as campanhas ficam mais baratas. Segundo, porque o político fica mais próximo dos seus eleitores, já que deve residir no distrito pelo qual se candidata. Terceiro, porque as pautas tendem a ser mais alinhadas com os interesses concretos das pessoas que vivem no distrito. É a vida real se impondo sobre a voracidade ilimitada das corporações.

Já no Senado, que tem três membros eleitos por estado, a realidade é bem melhor. O voto majoritário é a base

“*Ninguém deveria ter medo de dizer o que pensa, seja para a direita, seja para o centro ou para a esquerda.*”

da expressão da vontade de uma maioria real, e não de um segmento que tenta impor as suas pautas.

O corporativismo sucumbe no sistema distrital. Não seria possível a determinada profissão ou segmento econômico garantir a maioria em uma região territorial delimitada. Fundamental, nesse sistema, é estabelecer critérios justos para a definição dos distritos. Uma linha traçada algumas ruas mais para cá ou mais para lá pode alterar o perfil do eleitorado e, com isso, dos eleitos.

Nosso sistema eleitoral, hoje, é regido por um contrato não inteligente, porque alguns ganham e muitos perdem. O contrato do político com as suas bases deveria atender interesses globais, e não setoriais, profissionais e corporativos, que levam à busca de soluções tributárias ou de orçamento para beneficiar segmentos. Não é coincidência o fato de praticamente todos os países mais desenvolvidos adotarem o voto distrital. Mesmo nos Estados Unidos, que têm um presidencialismo forte, a Câmara dos Deputados é eleita pelo voto distrital.

No Brasil, podemos compreender a eficiência desse sistema ao olharmos para as eleições dos prefeitos. Mesmo que as atribuições no Executivo sejam diferentes, verificamos índices de satisfação relevantes. Isso nada mais é do que o resultado de um contrato inteligente. Normalmente, elegem-se os que melhor representam os interesses coletivos, a vontade da população, e não os de corporações.

Da mesma forma, o sistema de indicações para a Suprema Corte não estimula a melhor seleção. Aqui, também, basta olhar para outros países. No Brasil, a superexposição dos ministros gera distorções, com reflexos ruins para a sociedade. Falta um sentido coletivo nas decisões. Deveríamos investir tempo e energia para analisar e compreender a essência e os reflexos dos julgamentos em vez de pronunciar tanto os nomes de quem decidiu. Na Suprema Corte da Alemanha, por exemplo, os votos são anunciados de forma coletiva, sem o placar de divergências ou convergências. Quem decide, em suma, é a Suprema Corte. As decisões são tomadas longe das câmeras e dos holofotes. Isso, em hipótese alguma, significa falta de transparência. Ao contrário: quando dois ministros batem boca durante um julgamento transmitido ao vivo pela televisão e pela internet, a sociedade recebe um exemplo ruim, de naturalização da agressividade e dos ataques pessoais. É possível – e necessário – divergir, mas dentro de parâmetros técnicos e com civilidade.

É natural que a Suprema Corte esteja inserida em um contexto político e que tenha sensibilidade para isso. Mas não pode se afastar da sua competência mais importante, que é gerar segurança para a sociedade sobre os grandes temas constitucionais. O problema começa quando o tempero vira prato principal. Hoje os critérios para definição das pautas dos julgamentos carecem de transparência. Processos ficam engavetados por pressões políticas e setoriais, enquanto outros tramitam com velocidade extrema, de acordo com as convicções pessoais deste ou daquele julgador. Além, é claro, do excesso de recursos relativos a processos que deveriam ter julgamentos definitivos na primeira ou segunda instâncias.

Supremas Cortes deveriam se debruçar sobre grandes temas com impacto na interpretação e na obediência à Constituição. O STF deveria tratar de temas constitucionais, e não brincar de delegado de polícia. Deveria atuar essencialmente dentro de uma visão dos valores de longo prazo, e não motivado por ódios e disputas circunstanciais. Também o mandato de ministro do STF deveria ser temporário, com critérios de indicação iguais aos do restante do Judiciário. Atualmente, se um campo político ganha três eleições nacionais seguidas, a tendência é que o STF forme uma maioria ampla alinhada com uma ideologia, em vez de refletir a pluralidade, que também é prejudicada pelo excesso de decisões individuais dos ministros.

Enquanto não adotarmos contratos inteligentes, assistiremos à proliferação de conflitos e do desgaste de imagem do STF. Parece senso comum, mas é importante ressaltar: as críticas e ideias aqui expressas partem do pressuposto de que uma Suprema Corte independente e tecnicamente capaz é imprescindível para o bom funcionamento de um sistema democrático. É preciso desenhar com absoluta clareza a linha que separa a crítica construtiva de qualquer movimento autoritário e antidemocrático.

O estímulo à eficiência deve ser a espinha dorsal de um contrato inteligente. Entenda-se eficiência no seu sentido mais amplo, e não relacionado a interesses obscuros e desconectados do bem comum. Enquanto os setores público e privado, bem como as relações entre eles, não forem regidos por essa mesma lógica, teremos uma distorção que desagrega valor de toda a sociedade.

## FERRAMENTA ÚTIL

Há mais de vinte anos acompanho o *Wall Street Journal*. Foi nele que li páginas inteiras com informações sobre coalizões. Me chamava a atenção o fato de que elas não tinham vinculação jurídica ou formal de qualquer natureza. Eram conjugações de empresas, setores, entidades, sindicatos e associações de trabalhadores que se uniam para debater algum tema e para defender causas diante da opinião pública, do Executivo e do Congresso.

No Brasil, a palavra coalização era pouco usada, geralmente para definir movimentos de convergência entre partidos em busca de governabilidade ou de fortalecimento de posturas de oposição. Comecei a conversar sobre o tema para vender a ideia de uma maneira diferente. De certo modo, consegui. Poderia mencionar várias coalizações que surgiram desde então. Uma das principais foi formada no setor industrial. Não foi exatamente fácil. Individualmente, cada empresa tem suas características e interesses, que se agrupam em entidades e federações. Tudo isso amarrado, de forma compulsória, ao sistema 5S (Senac, Senai, Sesi, Sebrae, Sesc), sustentado por contribuições obrigatórias das empresas. Embora essa vinculação seja totalmente legal, acaba limitando a liberdade de expressão e a liberdade de representatividade.

Consolidei essa análise crítica há quarenta anos, quando estávamos começando a debater, com Roberto Campos e Donald Stewart, a formação do Instituto Liberal. Donald Stewart tinha uma posição muito clara. Para ele, não haverá total liberdade e autenticidade de expressão e pensamento enquanto os empresários estiverem vinculados a recursos públicos – é o caso do sistema 5S, que recebe verbas do governo.

Existe hoje outra coalizão que me dá uma alegria enorme. Foi organizada por Marco Polo Lopes, presidente executivo do Instituto Aço Brasil. Conseguimos reunir em torno de catorze entidades dos principais setores empresariais e industriais do Brasil, como automobilístico, petroquímico, de celulose, aço, entre outros. Essa coalizão tem funcionado bem, embora ainda seja nova e esteja em constante aprimoramento. Apesar do progresso em algumas áreas, ainda há muito espaço para o aprimoramento. As coalizões são um instrumento extremamente eficiente, transparente e legítimo para unificar interesses dos vários segmentos que integram cadeias produtivas, unindo empresários, trabalhadores e demais grupos em torno de pautas comuns.

## ESTRUTURAS DE GOVERNANÇA

Falar sobre política, infelizmente, se transformou em um terreno perigoso. É mais um dos efeitos da radicalização: no fim, importam mais as convicções de quem lê do que a intenção de quem escreve. Mesmo assim, acredito que qualquer futuro viável de um país passa pela política. Por isso, mesmo sabendo dos riscos, não poderia me omitir quando me proponho a refletir sobre excelência. Apesar das evidências e do senso comum, não faço terra arrasada. Temos evoluções importantes na área pública. Poderia citar a desburocratização e a digitalização de serviços.

Definir objetivos claros nas mais diversas áreas é extremamente importante para buscar objetividade e, com isso, impulsionar o crescimento do país. Mesmo assim, temos de fazer algumas correções estruturais que possibilitem um salto de qualidade. Estamos atrasados em relação às democracias mais adiantadas. Há solução. Ela está ao nosso alcance. Mas é preciso conjugar alguns fatores que analisarei neste capítulo.

Nos perdemos, muitas vezes, discutindo detalhes e interesses individuais ou corporativos. Isso nos afasta de uma visão mais ampla, necessária em um contexto de desenvolvimento global. Olhar e usar o que deu certo em outros países é simples, barato, acessível e sem custo de erro. Não significa que devamos simplesmente copiar. É preciso compreender primeiro para depois adaptar à nossa realidade. Dois itens nos levariam a um ponto de partida necessário, ambos de natureza política.

Defendo, com absoluta convicção, o voto distrital, baseado na maioria simples obtida em determinada região geográfica, como já mencionei. Nos Estados Unidos, que têm o regime presidencialista, o Congresso é eleito com o voto distrital. Não existe um sistema perfeito, mas esse é bem mais transparente, direto e eficiente. Isso sem falar nos custos das campanhas, que cairiam drasticamente se fossem restritas a um território. Fecham-se, assim, as portas para fundos eleitorais públicos absurdos e para o desequilíbrio gerado por campanhas muito caras, geralmente lideradas por quem já está no poder, o que, de certa forma, impede uma renovação e uma concorrência mais justa. O voto distrital seleciona melhor as pessoas, inclusive pela proximidade entre candidato e eleitores. É incompreensível que um país com a dimensão do Brasil não evolua nesse sentido.

Em um modelo disruptivo em relação ao atual, cada distrito poderia ter dois ou três representantes, possibilitando, assim, um balanceamento de linhas políticas. A comunidade local escolheria seus representantes para que realmente defendam os interesses coletivos e não interesses setoriais que empurram a cena política para um pântano de desperdício, falta de transparência e corporativismo.

Os governos devem ter três responsabilidades prioritárias: educação, saúde e segurança. Não quero com isso dizer que a execução tem de ser toda estatal. Ao contrário. Mas cabe aos governos a definição conceitual do que deve ser atingido e o controle dos macrorresultados. Muitas vezes, o setor privado tem soluções mais eficientes. Deveriam ser temas de Estado, e não de governo. Mas para isso precisamos estabelecer alguns consensos mínimos, o que é difícil em tempos de radicalização.

Volto aqui ao tema STF. Minha reflexão é conceitual e independe de fatores circunstanciais. É fundamental que a Suprema Corte represente, proporcionalmente, a realidade mais abrangente do país. Não existem campos estanques no conhecimento humano. Quando falo em pensamento jurídico, incluo a representatividade ideológica, que nada tem de condenável. Ao contrário. Visões de mundo diferentes são fundamentais para a construção de uma base jurídica sólida, seja na elaboração das leis, seja na sua interpretação. Mas, no caso, a visão individual da realidade não pode se sobrepor à lógica profunda do sistema legal. Dos onze integrantes do nosso STF, a maioria absoluta aparenta ter convicções político-ideológicas extremamente posicionadas. Quando esses fatores ideológicos migram de uma visão ampla de mundo para o varejo do embate político, o país sofre, especialmente com a insegurança jurídica, que se reflete em todas as áreas da vida nacional – das relações entre vizinhos às decisões de empreendedores sobre grandes investimentos.

Já que o STF analisa questões constitucionais amplas, suas decisões monocráticas deveriam ser restritas. No Brasil, mesmo as decisões coletivas, expostas em transmissão aberta de televisão, acabam assumindo contornos de embates individuais entre ministros. Há exemplos de Supremas Cortes bem interessantes nesse sentido. As decisões coletivas são votadas a portas fechadas e, mais tarde, anunciadas

*“Falar sobre política infelizmente se transformou em um terreno perigoso. No fim, importam mais as convicções de quem lê do que a intenção de quem escreve.”*

**A BUSCA** | JORGE GERDAU

de forma clara e transparente como decisões da corte, não interessando quem votou contra ou a favor. O voto precisa estar nos autos, eventualmente com alguma margem para explicações técnicas, no sentido da ampliação da cultura jurídica da sociedade. Não deveria haver espaço para opiniões emocionais dos magistrados. Esse excesso de exposição dos ministros do STF que se observa no Brasil nada tem a ver com transparência. Ao contrário. O que se vê, na prática, é que os holofotes induzem um comportamento humano natural de quem está no palco e acaba mais preocupado com a plateia do que com o exercício correto do papel a ele atribuído. Definir quais os limites exatos da atuação do Executivo, do Legislativo e do Judiciário já foi mais fácil. Precisamos dar um passo atrás para promover uma limpeza conceitual, com definições claras sobre os princípios que constam na nossa Constituição. Nunca é demais repetir: nossos poderes, por lei, são independentes. O problema é que se esquecem, muitas vezes, da segunda parte, igualmente relevante: "... e harmônicos entre si".

## A ALMA DO NEGÓCIO

A razão é fundamental quando precisamos decidir. Pesar prós e contras, analisar as consequências e os impactos de nossos atos é mais que um dom: é um dever quando temos a responsabilidade de gerir um negócio, seja ele de que tamanho for. Tenho plena consciência de que, através das décadas, construí uma imagem muito associada ao racional, talvez pela natureza do "core business" da Gerdau. Fabricar aço implica na utilização de processos sobre os quais é preciso domínio absoluto. Sem isso, não há como melhorar. Sem isso, não há a busca que me inspira. Tenho refletido muito sobre isso nos últimos anos, não apenas no âmbito profissional, mas também no pessoal. O casamento com a Maria Elena tem sido fundamental na evolução das minhas visões sociais e espirituais. Aprimorei minha compreensão sobre cidadania. O projeto Parceiros Voluntários é um dos exemplos mais importantes. Durante mais de vinte anos, a Maria Elena se dedicou a essa iniciativa, que mobilizou mais de 500 mil pessoas de todas as idades envolvidas em trabalhos sociais. Cursos de formação, acompanhamento, interlocução com empresas e organizações e, principalmente, a dimensão dos resultados tiveram influência sobre mim. Essa iniciativa mostra de forma clara a importância da implantação da gestão no Terceiro Setor, o que vai muito além do voluntariado.

Em 2004, o Parceiros Voluntários lançou o livro *Tribos*, com histórias e guias para o voluntariado juvenil. Organizado pelo Padre Marcelo Guimarães, com a colaboração de Leandro Pinheiro, a obra consolida ensinamentos de uma trajetória que dura até hoje. No texto de abertura, Maria Elena se refere aos jovens voluntários que impactaram e foram impactados pelo trabalho social. Destaco uma frase, dentre tantas que servem de inspiração: "Onde quer que estes jovens estejam no futuro, ali eles saberão exercer com ética todas as suas ações".

Maria Elena e eu fizemos o Caminho de Santiago de Compostela, na Espanha, no ano 2000. Percorremos 240 quilômetros em dez dias. Foi uma possibilidade de meditação e aprofundamento extremamente importante. Deixamos nossas malas na cidade e fomos, carregando o mínimo indispensável, de táxi, ao local que havíamos definido. A falta de meditação e reflexão é uma das grandes carências do nosso tempo. "Amar mais, perdoar mais e construir mais" são os três conceitos que ficaram na minha lembrança. Construção em termos amplos, baseada em aspectos de interesse comunitário. Quando falamos em perdoar, exercitamos pouco essa capacidade. Acho que, na caminhada, consegui evoluir nesse sentido. Esses três conceitos simples me facilitaram enormemente o desenrolar da caminhada. E, depois dela, ainda me ajudam.

Tenho uma gratidão enorme por essa oportunidade vivida ao lado da Maria Elena, que continua buscando o aprimoramento pessoal, espiritual e intelectual. Dificilmente eu teria atingido os resultados dos meus trabalhos sem essa influência sobre a forma de enxergar o mundo e como enfrentar os problemas.

Este é um registro muito importante, que tem, no fundo, uma soma de conteúdo emocional muito forte. A relação do casal explica muito do que foi e está sendo construído. A palavra que melhor define isso é gratidão.

Baseado nessas vivências, concluí que todos os números, protocolos, controles e avaliações só fazem sentido se, na base de tudo, compreendermos que a felicidade é o maior legado, tanto ao se falar em empresas quanto em pessoas. Por isso, cada vez mais, é importante que exista, estruturalmente, o compromisso com a saúde emocional.

Voltando às empresas, é claro que o nível de capacidade de ação varia de acordo com o público. Internamente, há variáveis até hoje pouco consideradas, mas de fundamental importância: Se aprendemos a medir resultados nas linhas de produção e de vendas, ainda nos falta a capacidade de medir, por exemplo, a saúde emocional dos nossos colaboradores. Não se trata aqui de paternalismo. A empresa não conseguiria, nem que quisesse, assumir responsabilidades sobre questões alheias ao ambiente de trabalho, como relações familiares e outros aspectos que são importantes para o equilíbrio e, mais uma vez, para a felicidade de cada colaborador.

Mas, por outro lado, se o que acontece fora do ambiente de trabalho impacta no nível de desempenho, é importante encontrar espaços para compreender que o ser humano é um só. Eu vinha pensando muito sobre isso e, por coincidência ou não, fui convidado para uma palestra do professor indiano Raj Sisodia, um dos pais do chamado capitalismo consciente. Era um evento da CMPC, empresa chilena de celulose com forte presença no Brasil. Sisodia apresentou uma ideia de extrema relevância. Para ele, a construção do resultado parte de dois pilares: amor e força. Um não funciona sem o outro, mas a combinação entre ambos gera uma energia poderosa. Sem qualquer intenção de contrariar essa ideia, mas partindo dela para construí-la de outra maneira, prefiro falar em alma. A alma é o intangível na base do racional. É o que nos leva a investir em processos e métricas para, com o resultado, entregar valores tangíveis e intangíveis à sociedade. É preciso ser o melhor na fabricação do aço. Mas para quê? É da alma, na empresa e nas pessoas, que nascem o propósito e as emoções positivas que inspiram as decisões racionais na direção correta. Uma empresa sem alma desenvolve uma cultura interna incompleta. Vejamos o exemplo do futebol. Onze jogadores talentosos nem sempre formam uma boa equipe. No final, quando a capacidade técnica deixa de ser um diferencial, a diferença entre o sucesso e o fracasso está no emocional. Um líder que compreende essa dimensão e sabe administrá-la consegue resultados positivos, mesmo quando o nível de excelência técnica não é máximo. Já o contrário nunca ocorre. Craques que jogam sem emoção tendem a burocratizar seus desempenhos. Separamos emocional do racional para fins de compreensão. De fato, essa separação não existe. Quando conseguimos usar o emocional para compreender melhor os processos, temos um ganho gigantesco e nem sempre avaliado da forma correta.

## LIBERDADE

Direito e dever devem caminhar sempre juntos. Esse é um tema interessante. Muitas vezes as palavras, sozinhas, têm significados diferentes e até opostos, dependendo da bagagem e das intenções de quem as utiliza.

Infelizmente, a palavra liberdade tem sido vítima de mau uso. Usá-la de forma errada é o mesmo que a destruir. Jamais deveria ser pensada sem que esteja acompanhada por uma bagagem conceitual e ética construída sobre valores.

Faço aqui, neste livro, uma análise sobre sustentabilidade. Existe uma definição simples para essa ideia. Sustentabilidade é buscar o resultado hoje sem comprometer o amanhã. De nada adianta uma falsa sensação de liberdade agora que signifique ficar sem ela no futuro, no plano individual ou coletivo. Esse é um bom padrão, inclusive, para definir limites. Liberdade só existe, de verdade, se for testada e exercitada nas relações do dia a dia, com os amigos, familiares, sócios, colaboradores, clientes, vizinhos, com quem pensa diferente ou com estranhos, no trânsito e no aeroporto. Belos discursos são vazios se não se transformam em ações.

Foi justamente o desequilíbrio entre o peso dos direitos e dos deveres na sociedade que levou à confusão sobre o que é a liberdade, um dos bens mais precisos da civilização. A pergunta é: liberdade para quê? Para destruir, agredir e ofender? Jamais. O direito à liberdade não absolve ninguém do seu mau uso, ou do uso de algo diferente que, por ignorância ou conveniência, é chamado de liberdade. A avaliação de uma ação não pode ser separada dos seus

*"Tenho plena consciência de que, através das décadas, construí uma imagem muito associada ao racional."*

efeitos. Liberdade só faz sentido se for usada para fazer o bem. Isso fica claro quando estabelecemos como devemos nos comportar na relação com outros indivíduos, grupos, instituições e com o planeta que habitamos. A partir daí, o ser humano consegue criar boas ideias, produtos, serviços e soluções sem estar amarrado pela opressão de uma ditadura que produz medo e paralisia.

Precisamos, cada vez mais, defender a liberdade. Não como um salvo-conduto para o vale-tudo, mas como um compromisso com nossos valores, com nossos deveres e com o nosso futuro.

## ARGAMASSA SOCIAL

A educação é algo que une o individual e o torna responsabilidade coletiva. Quando as máquinas e os sistemas como inteligência artificial avançam na realização de trabalhos até então exclusivos dos humanos, educar adquire um significado ainda maior. O abismo educacional entre pessoas e sociedades é improdutivo e injusto. Não é uma questão ideológica, mas de ética e de inteligência de mercado. Por isso, políticas sociais que geram oportunidades precisam ser a prioridade, não apenas no discurso, mas também na prática.

A educação, quando analisada na perspectiva do seu resultado, pode ser considerada um processo único, impulsionado por forças diferentes e convergentes. Para medir sua efetividade, basta estabelecer a relação entre o investimento realizado e o desempenho humano, econômico e social dos indivíduos e dos coletivos. Investimento, aqui, não é apenas financeiro. Existem outras formas de investir em educação que não necessitam de dinheiro. Chegaremos a elas logo mais.

Não é à toa que países desenvolvidos estão na liderança dos rankings da educação. Recorro mais uma vez à ideia de que a garantia do sucesso não está, aqui também, em um ponto de chegada, mas sim na busca. Até porque o saber se torna obsoleto hoje rapidamente. Mas se renova com a mesma velocidade.

O tema educação é enorme e abrangente. Consequentemente, todas as considerações aqui feitas são parciais em relação à sua dimensão. Gosto de deixar isso claro, embora seja quase óbvio. Sempre desconfio de quem é definitivo demais nas suas análises. Minhas experiências e meu jeito de ver as coisas jamais podem ser confundidos com uma verdade absoluta. Mas, se minhas percepções puderem ajudar na reflexão sobre o tema, terei cumprido o papel a que me propus com este livro.

Simplificadamente, a educação tem dois polos geradores: a teoria e a prática. Na interseção, surge uma força definidora e de relevância única: o exemplo. Educar pelo exemplo é um processo que começa desde cedo, em casa. Essa é uma dinâmica tão determinante que sua lógica persiste em todas as relações futuras. Se o líder na empresa diz uma coisa e faz outra, não há convenção de fim de ano ou curso de qualificação que funcione. Se o político prega algo na campanha eleitoral e depois, quando no poder, pratica o oposto, essa postura contamina o país.

A preponderância do exemplo não retira a importância dos estudos teóricos e da experiência prática. Ao contrário. No fundo, todas essas engrenagens deveriam ter o mesmo fim: gerar bem-estar, desenvolvimento e convivência civilizada entre as pessoas.

Na minha vida profissional, liderei uma empresa com 36 mil colaboradores. Desenvolvi uma visão pragmática em termos de organização administrativa, potencializada pelo domínio dos programas de qualidade total, graças ao professor Vicente Falconi e a sua cultura japonesa de processos mínimos para chegar a resultados máximos.

Quando o assunto é liderança, a força do exemplo é única e insubstituível. E, por mais paradoxal que pareça, é impossível medir, isoladamente, o seu real impacto, certamente por ela permear todos os processos humanos de uma forma absoluta. A qualidade comportamental da liderança, numa dimensão ampla, é um dos pontos de partida da compreensão desse fenômeno. Pais, mães e avós nos dão uma soma de exemplos únicos. Tenho uma gratidão profunda pelos que recebi do meu pai e da minha mãe. Não havia qualquer contradição entre seu modo de vida, seus valores e suas atitudes. A ética não era um assunto teórico, mas sim um elemento prático e constante no ambiente familiar. A soma desses fatores, que se expressavam pela simplicidade, humildade e dedicação ao trabalho, serviu de exemplo para os quatro filhos e para os sobrinhos. Minha mãe mantinha uma atitude de dedicação em relação ao quadro de convivência social, com apoio às entidades. Meu pai participava ativamente disso, mas o exemplo que mais guardo veio do seu estilo de liderança na empresa, hoje bem maior do que era naquela época, graças, justamente, a esse modo de agir, sempre com respeito absoluto a todos.

Insisto na importância do exemplo porque ele é um processo educativo que está na base de tudo e que, ao mesmo tempo, é involuntário. Basta que os pais existam perto dos filhos para que a transmissão de valores e de atitudes aconteça.

Há maneiras diferentes de lidar com isso. Em algumas culturas, os filhos saem de casa logo depois de terminarem os anos escolares. Com a universidade, vem um novo sentido de independência e de responsabilidade. Os brasileiros são mais apegados à convivência familiar. Os filhos ficam nas casas dos pais até mais tarde. Assim como em quase tudo, os extremos são ruins.

Filosoficamente, todo ser humano é educado, na medida em que aprende de seu entorno, esteja ele estruturado ou não. Um professor que dá uma aula mal preparada está dando um exemplo de descuido. Um pai que desrespeita uma lei de trânsito com o seu filho no carro está protagonizando um processo educativo. Um líder que desrespeita um integrante da sua equipe passa um recado indireto de que isso é permitido na organização. O exemplo é a forma mais poderosa de educar.

Muito antes de o termo se popularizar, meu pai evitava chamar alguém de operário ou empregado. Usava colaborador, o que mostrava a convicção da existência de uma relação de convergência no trabalho e na busca de objetivos comuns. Essa visão é uma característica do norte da Europa, diferente de países que viveram a cultura da escravidão. Essa é uma observação delicada, porque envolve processos históricos injustos e doloridos, que deixam marcas até hoje. Acredito que um empregador inserido em uma cultura em que a escravidão era um processo natural é completamente diferente de um empregador de um ambiente que sempre teve uma relação regida por contratos de trabalho. O pacto de respeito e a conjugação de interesses levam à maior eficiência de produtividade. Essa relação básica de natureza contratual faz total diferença na construção de propósitos legítimos.

Propósitos a serem atingidos quando todas as partes se respeitam e buscam objetivos comuns têm muito mais chances de sucesso. Uma relação que carrega, mesmo inconscientemente, resquícios de uma mentalidade escravagista nos leva à falta de respeito estrutural, que se reflete na convivência dentro e fora dos ambientes econômicos.

Meu olhar é essencialmente pragmático, treinado pela busca de eficiência e de produtividade. A prosperidade no mundo é construída pela educação. Cabe aqui uma observação sobre o desafio brasileiro de encurtar a distância entre o que acontece ainda em alguns círculos acadêmicos intelectualizados e a vida real, marcada pelas necessidades das pessoas e dos mercados e pela aceleração da inovação, inclusive nos processos educativos.

Assim como qualquer atividade organizada que busque resultado, a educação necessita de pragmatismo operacional e de gestão. Não se trata aqui de minimizar a importância dos mecanismos afetivos e vocacionais, mas sim da certeza de que, para que a ponta funcione, se faz necessário gerir o processo de forma racional e objetiva.

Uma coisa é a análise acadêmica e científica das tecnologias e da ciência da educação. Ela é fundamental, mas existem na relação da liderança, no campo operacional, processos impossíveis de serem contemplados pela análise acadêmica. O mundo prático exige competências de liderança em três dimensões que serão aprofundadas mais adiante: técnicas, humanas e conceituais, que nos levam a resultados de maior eficiência na educação para o trabalho.

Minhas opiniões sobre essas experiências se propõem a ser uma contribuição a ser adicionada aos conhecimentos de outras naturezas.

Fui educado com essa mensagem do norte da Europa, desde muito tempo mais alinhada às relações de trabalho contemporâneas. Somem-se a isso as atitudes de responsabilidade social e a inquietação cultural. Nossa mãe frequentou o colégio na Alemanha e trouxe também conceitos de atitude e de responsabilidade social extremamente modernos e que, no seu conjunto, foram decisivos em todo o processo de gestão de recursos humanos das organizações Gerdau e, talvez de uma forma mais acentuada ainda, nas relações com a comunidade como um todo. Mais uma vez, o exemplo: meu bisavô João Gerdau participou ativamente da comunidade, assumindo, por exemplo, a construção do telhado da igreja, em Agudo.

Felizmente, o Ocidente hoje exige, possibilita e potencializa esse tipo de relação de contrato de trabalho baseado no respeito e na convergência. Não é possível aceitar mais preceitos e conceitos medievais, mas que ainda resistem, de forma mais ou menos velada, em grande parte das relações de trabalho no nosso Brasil.

Foi em casa que recebemos os *inputs* de conceitos de respeito que se transformaram nas bases essenciais da construção da cultura do grupo Gerdau. Essa cultura inspirou, nos irmãos e nos colaboradores de toda a estrutura executiva, uma consciência social bastante acentuada e que teve exemplos anteriores no Rio Grande do Sul. A liderança do empresário A.J. Renner foi um exemplo pioneiro para todo o Brasil, pela sua consciência de responsabilidade social, tanto no campo da saúde dos colaboradores e de suas famílias quanto no sistema de cooperativa para atendê-los na aquisição de bens e nos investimentos de casa própria. É um exemplo muito positivo e que nos ajudou a estabelecer conceitos e filosofias extremamente construtivos. No meu caso, não apenas na empresa, mas também nas dezenas de iniciativas com as quais busquei e busco contribuir. A educação é um processo constante, e sua busca não combina com angústia. Ao contrário. Angustiado deveria estar quem acha que chegou.

## O PAPEL DOS PROFESSORES

Tenho me posicionado de uma forma muito clara sobre a educação básica. Não faz sentido o Brasil oferecer uma estrutura de níveis superiores bastante consolidada e ter, ao mesmo tempo, uma educação básica tão deficiente. Além de todos os aspectos que envolvem esse tema, chamo a atenção para um ponto que muitas vezes é tratado com uma indiferença injustificável.

Nos meus primeiros anos de educação primária, tínhamos aulas de ginástica na educação física, que duraram até o segundo grau. Essa é uma ferramenta extraordinária. A filosofia global nos países desenvolvidos contempla a atenção completa à educação física. Não é à toa. Trata-se de um investimento com alto nível de retorno. Mobilização de espírito de equipe, dedicação, concentração e respeito são fatores extremamente importantes, com reflexos nítidos na formação do caráter dos jovens. Aprender a ganhar e a perder é algo que precisamos sempre desenvolver nas crianças e nos jovens, para que sejam, mais tarde, adultos comprometidos com as regras, e não apenas com o desejo de vencer a qualquer preço e de levar vantagem em tudo.

“Propósitos a serem atingidos quando todas as partes se respeitam e buscam objetivos comuns têm muito mais chances de sucesso.”

**A BUSCA** | JORGE GERDAU

O sucesso só faz sentido se for o resultado de um caminho ético e humano.

Suspender ou reduzir a prática da educação física na escola é um erro. Nos países anglo-saxônicos, essa é uma política bem mais consolidada. A tal ponto que, nos Estados Unidos e na Inglaterra, as melhores universidades oferecem bolsas de centenas de milhares de dólares ou de libras aos atletas mais promissores.

Em uma época em que a lógica dos algoritmos ajuda a formar uma geração mimada em vários aspectos, que só recebe aquilo que deseja, quando deseja, a prática do esporte tem uma função que ganha ainda mais importância: ensinar a trabalhar em equipe e a gerir erros e frustrações. Perder, em uma competição esportiva, quase nunca é um ponto final, mas sim uma etapa na busca pela excelência. São raríssimos os campeões, se é que existe algum, que não tenham tropeçado, caído e fracassado antes de chegar ao ponto mais alto do pódio. Entra aqui outra reflexão: a educação pelo esporte não se destina unicamente a formar campeões olímpicos. Vencer não é apenas chegar em primeiro, mas sim aprender algo que, mais tarde, será útil em outros campos na vida, como relações pessoais e negócios.

Quanto mais cedo a gente aprende a perder e a se levantar de novo, maior é a vantagem futura. Da mesma forma, muito do caráter de uma pessoa se revela na hora da vitória. Aprender a gerenciar triunfos e fracassos é uma peça-chave na educação e uma oportunidade que o esporte nos dá de uma forma única e efetiva.

Educação é bem mais que um conceito vago e cheio de boas intenções. Assim como outros temas, cada um com as suas peculiaridades, esse também pode ser abordado pelo prisma da produtividade e da gestão. O começo de tudo é a clareza de aonde se quer chegar. Me socorro de algumas observações da minha trajetória, desde o curso primário. Há um fator que diz respeito, mais uma vez, ao exemplo, e que sempre foi decisivo: a atitude dos professores. Também aqui é possível analisar essa realidade sob o trinômio THC – competências Técnicas, Humanas e Conceituais –, aprofundado mais adiante. Há professores que dominam o conteúdo, mas que não desenvolvem um bom relacionamento com os alunos. Há o oposto. E há os que unem ambos e a capacidade conceitual de ler cenários e de se adaptar a eles na busca dos resultados e da excelência. É impressionante como até hoje me recordo dos professores mais eficientes na transmissão do conhecimento. O diferencial era a síntese desse THC, na expressão de uma personalidade e de uma liderança que alimentavam a relação com os alunos. Essa formação do ambiente cria uma energia de conexão que faz uma diferença enorme. Nada substitui a relação professor-aluno, embora ela atenda a novos desafios em função das mudanças no ambiente educacional, principalmente as impulsionadas pela tecnologia. Ressalto isso porque me preocupo com a formação dos professores, que hoje em dia é muito focada em patamares acadêmicos, teóricos e conceituais, intelectualmente elaborados, mas muito distantes das reais necessidades do mundo do aprendizado.

Começo pela extinção do curso normal. Um erro, que ainda deve ser corrigido. O normal, que até pode ter outro nome, conversa com a necessidade mais ampla, a de valorização da educação profissional no Brasil. Faz falta um curso naqueles moldes, que ensine professores a serem professores. Evitar a distância e o afastamento entre professores e alunos é uma peça-chave para que tenhamos sucesso na educação, a começar pelas séries iniciais e pela pré-escola, em que a proximidade emocional e técnica entre professor e aluno é fundamental.

Nas últimas décadas, as reflexões sobre educação enveredaram por caminhos de intelectualização. Isso é importante, mas, sem um sentido prático, concreto e operacional, não atende às necessidades maiores de uma sociedade. Essa intelectualização exagerada do processo de educação tem sido um fator de afastamento. Precisamos caminhar na direção oposta, a da proximidade. Assim como em sociedades mais evoluídas – eu poderia citar aqui o exemplo do Japão –, devemos valorizar a experiência de quem viu de perto as mudanças. No caso, os professores mais idosos. Eles têm algo que não está nos livros nem na internet: sabedoria.

Um curso profissionalizante deveria ser pré-requisito para entrar na universidade. É só olhar para países como

Estados Unidos e Alemanha para ver que a formação técnica deveria ser mais incentivada e reconhecida no Brasil, inclusive com salários. É esse investimento que serve de alicerce para o desenvolvimento econômico e humano de um país. Aproximar o mundo real da academia é um desafio que precisa ser enfrentado, inclusive para que as pessoas possam se sustentar quando entram no mundo acadêmico. Hoje temos no Brasil cursos profissionalizantes que atendem uma demanda de cerca de 11,5% dos estudantes, um número absolutamente insuficiente em relação à realidade de economias mais pujantes. Admito que possa haver algumas doses de exagero nas minhas reflexões, mas, às vezes, o exagero faz ressaltar a essência da realidade: as pessoas fazem cursos para serem advogados, mas sem a capacitação pragmática para o exercício da profissão. No fim, demoram mais para se tornarem bons, quando não patinam no meio do caminho. A distância entre teoria e prática deve ser drasticamente reduzida.

Minha vida profissional foi e é extremamente pragmática. Com base nesse sentido prático, integrado com a teoria, construímos uma estratégia política na Gerdau. Insisto: teoria e prática juntas, uma a serviço da outra, inseparáveis e sinérgicas. Mais uma vez, cito o professor Falconi, que trouxe para o Brasil conceitos na área administrativa e gerencial de trabalho. O principal foi o Total Quality Control – Gestão da Qualidade Total –, um sistema que envolve toda a empresa na busca pelos melhores processos e resultados. Fomos buscar patamares de *benchmark* e produtividade mundial em todas as atividades. Observando o cenário da siderurgia, vimos que os japoneses vinham obtendo sucesso acelerado nas melhorias das suas práticas. Isso foi na década de 1980. Fizemos parcerias com dois grupos japoneses, na busca da tecnologia de gestão e processos. É extremamente interessante: a melhoria da produtividade é alcançada pelo nível de eficiência de domínio dos processos em toda a estrutura. Isso, é claro, precisa de pessoas qualificadas. É a capacitação profissional que define a possibilidade de atingir os patamares de eficiência mundial. Lembro que, em uma das reuniões de fim de ano da Gerdau, um engenheiro me disse: "Jorge, como vocês querem que o nosso operário que mal tem o terceiro ano completo possa atingir níveis de produtividade e domínio tecnológico de processos como um operário japonês, com doze anos de educação e mais capacitação profissional?". Essa reflexão certeira me levou à consciência da importância da educação. A ideia foi profundamente impactante, e rapidamente cheguei à conclusão de que só poderíamos atingir patamares de eficiência mundiais com investimentos na educação e na capacitação da nossa mão de obra. Lógico que isso necessita, ao mesmo tempo, de atualização dos equipamentos nas fábricas. Mas, se não houver gente para operá-los e programá-los, não há investimento em tecnologia que dê retorno satisfatório. Nas nossas fábricas mais modernas no Brasil, temos números semelhantes de produtividade aos das usinas dos EUA.

Quando adquirimos participação no capital da Açominas, ela já tinha um programa de educação básica para todos os seus colaboradores. É um programa que o Luís Rico Vicente, engenheiro e presidente da Açominas, desenvolveu para chegar a 97% dos colaboradores com segundo grau completo. Essa visão foi muito importante e indica a dimensão do desafio nacional brasileiro, em qualquer campo de atividade ou esfera.

Voltando ao tema do domínio de processos e eficiência de patamares mundiais, só se pode chegar lá com educação e capacitação semelhantes às que existem nos padrões que se quer alcançar. Precisamos aprofundar esse debate para chegar lá.

O Total Quality Control, sistema de gestão que entende qualidade como um processo amplo e que deve atingir e manter níveis de excelência nas relações com todos os *stakeholders*, mudou seus parâmetros, mas, no fim, segue focado no domínio dos processos. Essa metodologia foi trazida pelo engenheiro americano William Edwards Deming para transformar fábricas de produtos civis em unidades de produção de equipamentos de guerra. Era preciso ter certeza de que esses equipamentos não falhariam.

Surgiu então esse raciocínio de domínio absoluto de processos. Como em tudo, os japoneses, extremamente disciplinados, elevaram o TQC ao seu nível mais alto. Deming impulsionou a divulgação dessa metodologia no Ocidente, através dos catorze princípios da qualidade total, que incluem treinamento constante, melhoria contínua, definição de liderança, entre outros. Os japoneses, porém, souberam utilizar isso da melhor maneira e de um modo que até hoje, sob aspectos derivativos desses métodos, continua tendo eficiências no campo industrial extremamente interessantes.

Graças ao professor Falconi e ao envolvimento de grandes empresas, entre elas multinacionais americanas, o Brasil desenvolveu um programa de qualidade que teve um papel importante, com premiações que aconteceram nas diversas áreas industriais.

Aqui no Rio Grande do Sul, pelo empenho da comunidade empresarial, esse tema ganhou muita relevância em relação a outros estados. Temos até hoje resíduos importantes desse investimento na formação profissional, e o conceito de domínio do processo faz parte da cultura empresarial no Rio Grande do Sul e em todo o Brasil.

No início dos anos 2000, o Governo Federal tinha desenvolvido um programa intenso sobre o tema gestão de processo e qualidade. Ele foi gradativamente se apagando, e nós, então, com um grupo de empresários, resolvemos criar o Movimento Brasil Competitivo, que é uma atualização do processo de gestão que hoje está voltado essencialmente ao apoio ao setor público, mas que, no começo, também trabalhava intensamente no setor privado. Gradativamente, foi se focando na gestão da melhoria e qualidade da gestão pública. No começo, eram projetos menores, mas, com o passar dos anos, chegamos a fazer projetos enormes. Atualmente, por exemplo, estamos trabalhando na digitalização total do Ministério da Agricultura. Concluímos recentemente um trabalho de desenvolvimento de tecnologia de gestão e modernização da Justiça de São Paulo. Fizemos trabalhos intensos de melhorias de tecnologia no sistema ferroviário, iniciado com o então ministro Tarcísio de Freitas, ainda no governo Temer, e cujos frutos estão sendo colhidos hoje, com investimentos e desenvolvimento do sistema ferroviário nacional. Temos um problema com a complexidade e diversidade de ferrovias, com larguras e características que dificultam a integração. São todos temas complexos, nos quais se utilizaram experiências de tecnologia de gestão, com consultorias internacionais, para buscar soluções. Hoje, dentro das divisões do MBC, nossos processos são muito voltados à capacidade de educação profissional no setor público, no sentido de buscar a produtividade e a eficiência.

Dentre tantos, destaco aqui as contribuições de Rogério Caiuby, Romeu Neto e Tatiana Ribeiro. Esse trabalho agora completou 24 anos e continua com um dinamismo enorme, cuidando de cinco áreas: a primeira é governança, que talvez seja um dos temas mais importantes; a segunda é digitalização total; a terceira é Custo Brasil; a quarta é educação; e a quinta é ambiental. São todas frentes extremamente importantes.

“Baseado no sentido prático, integrado com a teoria, construímos uma estratégia política na Gerdau. Insisto: teoria e prática juntas, uma a serviço da outra, inseparáveis e sinérgicas.”

Foi feito um trabalho em conjunto com o governo federal, e chegamos à conclusão de que o Custo Brasil, hoje, é de R$ 1,7 trilhão anuais, materializados pela deficiência de estrutura tecnológica, por falta de processos de gestão e por carências em campos como logística, energia, educação e assim por diante. Vejo ainda o campo tributário como um dos maiores freios ao nosso desenvolvimento. Praticamente o mundo inteiro trabalha com o sistema de IVA, que devolve o imposto pago nas etapas anteriores. No Brasil, reina uma confusão que leva à perda drástica de competitividade econômica, na comparação com o resto do mundo. Fala-se muito em redução das proteções aduaneiras. Conceitualmente, está correto. Mas, enquanto tivermos um Custo Brasil em patamares absurdos, em torno de 15% nas principais atividades, isso nos leva a uma não competitividade que deve ser corrigida para que, depois, possamos entrar em patamares absolutamente necessários de derrubada de proteções aduaneiras em níveis internacionais.

Sob a visão de desenvolvimento, o tema mais importante a ser analisado, trabalhado, debatido e estruturado é a educação. Insisto nesse tema. Aprendi essa lição muito cedo, fazendo *benchmarking* dos países competitivos no setor aço e comparando com os países não desenvolvidos. A eficiência e a produtividade das empresas passam pela competência e capacidade profissional da mão de obra.

A convicção sobre o peso da educação fez com que, nos últimos anos, eu tenha dedicado atenção a projetos de interesse social, via MBC e outras iniciativas de aprimoramento da gestão de produtividade e eficiência. E isso passa pela educação. Há mais de quatro anos tenho trabalhado intensamente com o empreendedor Richard Lucht. Sua empresa, a EduSpace, desenvolve tecnologias para a administração da educação.

Uma delas é um aplicativo, extremamente amigável, no qual a comunidade escolar pode acompanhar em tempo real o desempenho dos alunos, o planejamento das aulas, as notas, a frequência e outros indicadores básicos e de interesse de pais, gestores, servidores e, principalmente, estudantes. A experiência tem resultados altamente positivos, mas também enfrenta dificuldades, pelas reações e não aceitação de algumas lideranças do setor. Essa tecnologia promove uma revolução. Com poucos cliques, temos acesso aos resultados e desempenho de todos os alunos, em todas as classes.

Esse processo de modernização é hoje um dos mais completos na estrutura brasileira de instrumentos de gestão da qualidade para a educação. Esse conjunto todo nos leva a um padrão internacional. Já estamos trabalhando e executando em Porto Alegre. Uma vez consolidado, a meta é alcançar outros municípios Brasil afora.

O Brasil já investe um valor considerável do orçamento em educação, mas os resultados são insuficientes. Para que esse investimento alcance seus objetivos, tenho me dedicado e investido na educação, junto com meu irmão Klaus, apoiando a empresa EduSpace para que possa desenvolver essa tecnologia e disponibilizá-la de maneira mais ampla para atingir patamares de produção de produtividade internacional. Estou convicto de que esse é o caminho. Não há outro investimento socialmente mais importante. Todos se beneficiam quando existe mais e melhor educação.

Porto Alegre passou a enfrentar seus graves problemas de educação e atualmente já conta com as atividades de gerenciamento. Conseguiu evoluções significativas na melhoria de notas, mas o processo só atingirá níveis de excelência com o uso das ferramentas gerenciais que darão transparência e informações rápidas e precisas para a tomada de decisões. Como sempre, interesses estão sendo contrariados, especialmente os de quem prefere deixar tudo como está. Com certeza, essa não é a vontade da maioria.

Alemanha, Estados Unidos e outros países desenvolvidos têm entre 50% e 60% da mão de obra com cursos profissionalizantes. Ressalto ainda o valor da meritocracia e da remuneração variável. Grande parte de sucesso no Ceará está no reconhecimento dos municípios que atingem notas superiores em indicadores preestabelecidos e obtêm, graças a isso, mais retorno de ICM. É uma lógica de mercado com resultados fantásticos. Mais uma prova de que contratos inteligentes levam ao sucesso, e contratos ineficientes levam ao abismo da mediocridade e da acomodação. Se não houver tecnologia de gestão inteligente, dificilmente atingiremos resultados satisfatórios.

## MENTE SÃ EM CORPO SÃO

Estamos vivendo mais e melhor. A compreensão da saúde como um processo amplo, que vai além da ausência de doenças, significa um enorme avanço. Para cuidar dos outros, cada um deve, sempre, cuidar de si. No fundo, é a mesma coisa.

### Hospital Moinhos de Vento

"Nosso desafio é nos transformarmos no melhor hospital do Brasil." A frase pode parecer pretensiosa quando dita no Sul do país. Porto Alegre é uma cidade encantadora, com suas qualidades e defeitos. Tem uma forte tradição na área da saúde, com profissionais altamente qualificados e equipamentos de ponta. Mas, apesar do seu desenvolvimento constante, ainda está longe dos patamares econômicos de São Paulo. Nesse ponto aparece o valor da busca, que não tem um ponto de chegada, mas é um processo altamente positivo. Não é a linha de chegada que faz melhorar o desenvolvimento humano, econômico, social e político de uma comunidade. É a busca.

Fundado por descendentes de imigrantes alemães no começo do século passado, o Hospital Moinhos de Vento faz parte do patrimônio da cidade e do estado. Mesmo reconhecido pela sua excelência, enfrentou sérias dificuldades econômicas na virada do século. Sempre tive uma ligação forte com a instituição. Meu bisavô João Gerdau, juntamente com seus filhos Hugo e Walter, fez parte do grupo de fundadores dessa obra fantástica, erguida graças à fé e à dedicação das "*schwestern*" (irmãs, em alemão) da Igreja Evangélica Luterana.

Desde aqueles tempos, e muito antes, as crises nas instituições estão basicamente vinculadas a problemas em três áreas, que são abordadas neste livro. As pessoas estão no centro, e elas precisam de competências técnicas, habilidades humanas e clareza conceitual para poder decidir corretamente.

Muitas vezes, mais de uma deficiência acontece ao mesmo tempo, em intensidades diferentes. No caso do Moinhos, era preciso agir de forma clara e rápida. Havia, na área da gestão, um profissional desalinhado com os valores da instituição. Eu fazia parte do Conselho. Depois de consultas e conversas com diretores, fui falar com ele, tentando achar a solução mais eficiente e, ao mesmo tempo, a menos traumática possível, do ponto de vista dos interesses do hospital. Chegamos a um desfecho positivo com certa rapidez. Ajudei esse profissional a ver que seria melhor para ele e para o Moinhos se a relação se encerrasse imediatamente.

Mais do que a busca pela eficiência imediata, o movimento foi lido, me disseram depois, como uma mudança de paradigma. Valores são inegociáveis. Essa foi uma mudança importante, que marcou o começo de um novo momento. Foi um movimento interno, da própria instituição, que me inspirou a agir como agi. Não foi algo de fora para dentro. Muito pelo contrário.

Mudar não é uma opção, é uma necessidade. Gosto muito de uma frase de Jack Welch, apontado como um dos mais eficientes executivos do mundo: "Quando a mudança externa é mais rápida do que a mudança interna, o fim está próximo". O padrão de exigência na gestão vem de fora para dentro, definido pela evolução de conceitos de comportamentos e de necessidades dos consumidores e de todos os demais *stakeholders*. Seja em uma loja de roupas, seja em um hospital, a evolução da tecnologia e da sociedade como um todo não pode encontrar obstáculos na porta de entrada ou nos gabinetes acarpetados. Ao contrário: essas instituições devem protagonizar, testar e liderar as mudanças sempre nas margens de responsabilidade necessárias a cada tipo de atividade.

Feito esse primeiro movimento, o próximo passo era profissionalizar ainda mais a gestão, com absoluto respeito à competência dos corpos técnico e médico e das demais áreas já existentes. Nesse contexto, logo depois do afastamento desse gestor desalinhado, ajudei na contratação do Dr. João Polanczyk, que durante seis anos foi superintendente executivo do hospital. Nascido em Guarani das Missões, Polanczyk foi homenageado em 2015, pelo próprio Moinhos de Vento, por ser "um líder visionário, que implementou mudanças estratégicas em distinguidas instituições". A gestão por processos foi uma das inovações lideradas por ele.

O hospital começava a encontrar um novo caminho. Mas aí vieram as infelizmente tradicionais crises brasileiras, que mudam regras do jogo como quem muda de camisa. Foi quando dois outros gestores, Fernando Torelly e Mohamed Parrini, deram contribuições inestimáveis. Começava a faltar oxigênio financeiro quando foi sugerida a venda de um dos prédios da instituição, localizado na rua Tiradentes, em uma região valorizada da cidade. Torelly e Mohamed, com a liderança do Conselho, presidido por Eduardo Bier, apresentaram um plano de recuperação muito bem elaborado, com a utilização racional e sustentável do edifício, o que geraria novos recursos ao Moinhos de Vento e, assim, evitaria a venda do patrimônio. O plano era ótimo. Tão bom que me fez querer ir além. Foi quando eu disse a frase que abre este capítulo e que, compreensivelmente, deve ter gerado desconfiança e até algumas gargalhadas duas décadas atrás: "Nosso desafio é nos transformarmos no melhor hospital do Brasil". Eduardo Bier assumiu a direção do Conselho do hospital em meio a uma crise. O tempo passou, e tudo o que vem acontecendo desde então é fruto de um trabalho coletivo, no qual não há protagonismo nem vaidades pessoais. Cada um contribui na medida da sua dimensão. Cabem aqui algumas palavras sobre a relação entre o indivíduo e o coletivo. É óbvio que um hospital de excelência na cidade onde moro com minha família é algo bom para mim. Mas isso só é possível e sustentável economicamente com uma escala que atenda muita gente e com um amplo engajamento. No sentido filosófico dos conceitos, egoísmo e altruísmo nem sempre são opostos. Podem ser sinérgicos e até mesmo necessários um ao outro. Ayn Rand, no livro *A Virtude do Egoísmo*, expõe de forma magistral as bases dessa teoria.

Fiz o que estava ao meu alcance, graças ao estímulo e à participação de muitas pessoas. Faço esse relato aqui como forma de agradecer e de compartilhar alguns aprendizados, que posso sintetizar em poucas palavras. É preciso agir. É preciso ter as pessoas certas nos lugares certos. É preciso estabelecer processos para revisá-los constantemente e mudá-los rapidamente. É preciso ter sonhos. É preciso compreender o valor e a essência da busca.

Hoje, o Hospital Moinhos de Vento é o segundo melhor do Brasil, de acordo com dois dos mais conceituados rankings mundiais. Queremos mais. Sabemos que vai dar muito trabalho chegar lá. Isso é bom. Mantém a busca cada vez mais viva.

## SUSTENTABILIDADE

Buscar o resultado hoje sem comprometer o amanhã. Para tanto, devemos aceitar a noção de que esse compromisso se manifesta através de um sistema interdependente:

"A compreensão da saúde como um processo amplo, que vai além da ausência de doenças, significa um enorme avanço."

as sustentabilidades econômica, social, ambiental, política e cultural funcionam como um móbile. Ao mover uma peça, todas se movimentam. Mas, se uma estiver trancada, nada se mexe. Um resultado ótimo hoje que comprometa o futuro é, na verdade, uma desagregação de valor. Essa não é uma fórmula fixa, porque depende da peculiaridade de cada negócio e da conjuntura na qual está inserido.

Movimento-me por alguns princípios filosóficos nas atividades em que me envolvo a partir da vivência na Gerdau. São inspiradas na simplicidade, mas podem orientar o comportamento das lideranças em qualquer atividade econômica e social, inclusive nas empresas estatais e em outras áreas de governo. São aspectos básicos, interdependentes e igualmente importantes. A ordem em que os apresento é apenas para torná-los de mais fácil compreensão, sem uma hierarquia necessária entre eles.

Esse é um tema extenso, e não pretendo esgotá-lo aqui, pois, para isso, seria necessário um livro inteiro e de espessura considerável. O objetivo é compartilhar conceitos e um modelo amplo de visão estrutural que componha a moldura fundamental do tema sustentabilidade.

1. ***Stakeholders*** – públicos com os quais a empresa se relaciona ou que são impactados por ela.
2. **Sustentabilidade** – a busca pelo resultado na perspectiva da perenidade.
3. **THC** – competência técnica, humana e conceitual.

A seguir, a análise de cada um:

### *Stakeholders*

O primeiro passo é mapear e descrever os públicos e comunidades impactados pela atividade, em suas várias etapas. Essa lista e o modo como se conduz o tema é que vão definir a perspectiva e o planejamento da empresa. Alguns focos são praticamente universais. Clientes, colaboradores, fornecedores, comunidades nas quais fábricas e lojas estão inseridas, governos e acionistas são um ponto-chave. Mas é preciso considerar as peculiaridades de cada negócio.

Existe, a meu ver, um alerta fundamental que deve estar sempre presente: uma empresa tende, com o tempo, a se acomodar nas suas relações. Repetir o que fiz ontem não garante o sucesso amanhã. É preciso inovar, mas sem perder a dimensão clara do *core business*. O melhor momento para evoluir é quando as coisas vão bem.

O índice de satisfação dos *stakeholders* varia, às vezes de forma quase imperceptível, por circunstâncias políticas, governamentais, de mercado, ambientais, tecnológicas, que só se revelam, se não houver atenção permanente, quando o desgaste já é grande. Por isso, é importante ter um acompanhamento constante, com parâmetros estabelecidos e checados periodicamente. Sem a modernização constante dos relacionamentos, está definido o fim.

A seguir, algumas considerações sobre *stakeholders* específicos. Mais uma vez me socorro da simplicidade que cabe em poucas perguntas:

- Estou conseguindo deixar meus clientes satisfeitos ou não?
- O nível de satisfação dos clientes está estagnado? Está crescente? Ou está piorando?
- O que a concorrência, que deixou há muito de ser apenas local para se tornar global, está fazendo com o tipo de clientes que tenho?
- Houve inovações?
- Os aspectos tecnológicos do produto evoluíram?
- Estou "dormindo" ou não?
- Estou conseguindo saltar à frente?

É importante estar atento às características e expectativas do cliente, de acordo com a sua natureza de pessoa física, jurídica, governo ou comunidade, em relação aos meus produtos e serviços.

A inquietação em relação aos clientes tem amparo em ferramentas de natureza absolutamente técnica, como pesquisa. Mas sensibilidade e intuição contam muito, as mesmas que estão no nascimento de muitas empresas, quando elas são apenas uma ideia e um empreendedor cheio de sonhos e de futuro. É importante nunca perder isso de vista, mesmo que nas grandes organizações, já maduras e com tempo de estrada, esses processos passem a ser profissionalizados e estruturados com competência de gestão.

A responsabilidade com o cliente é uma peça-chave para a sustentabilidade e a perpetuidade das relações. Consequentemente, a satisfação do cliente é que define a continuidade de qualquer empreendimento.

## Sustentabilidade

A primeira vez que ouvi falar em sustentabilidade foi na Eco-92, a conferência da ONU sobre meio ambiente e desenvolvimento realizada no Rio de Janeiro, em 1992. Naquela época, me sensibilizei com o conceito que falava em uso racional dos recursos naturais “hoje”, mas sem comprometer o futuro do planeta e das novas gerações. Pensar no agora dentro da perspectiva da perenidade: essa é uma definição simples e correta de sustentabilidade, que se estende, com algumas adaptações, a outras áreas. Esse é um tema desafiador, pelo atraso da consciência sobre sua importância na dimensão de qualquer atividade pessoal, empresarial, pública ou privada.

A análise desse conceito e a evolução das exigências ambientais demandam uma atenção enorme, porque o desrespeito e o rompimento da confiabilidade da atividade da pessoa e/ou empresa no aspecto ambiental podem destruir o mercado de qualquer ator na atividade que exerce. Depois da Eco-92, ampliei minha percepção sobre o tema sustentabilidade, até chegar ao tripé básico formado pela sustentabilidade econômica, a sustentabilidade social e a sustentabilidade ambiental, que são interligadas por essa inquietação de que só é possível chegar à verdadeira excelência no curto prazo se cuidarmos do amanhã.

Não me estenderei muito no aspecto da sustentabilidade econômica. Esse é um desafio permanente, atualmente vinculado, em grande parte, às mudanças tecnológicas aceleradas e que, devido à sua rapidez, chegam a um ponto em que o próprio empresário e a estrutura empresarial, se não acreditarem e investirem em transformações constantes, irão colapsar de uma hora para outra. Existem no mundo fábricas que desapareceram da noite para o dia, vitimadas pela falta de sintonia e de investimentos nas adaptações tecnológicas e na infraestrutura de logística, com a integração global e com produtos da escala mais ampla. Muitos negócios só se sustentavam devido a proteções aduaneiras elevadas, mas a abertura dos mercados, de repente, mostrou que aquela atividade não tinha condições competitivas. De certa forma, mesmo que dependa das outras, a sustentabilidade econômica é que dá a base para as sustentabilidades social e ambiental.

Por isso, podemos falar em um sistema de sustentabilidades expresso, inicialmente, no tripé "econômica-social-ambiental". Depois, vieram mais dois complementos: sustentabilidades política e cultural. Dentro desse contexto de interdependência sinérgica do sistema de sustentabilidades, qualquer atividade econômica depende da sustentabilidade social, que é o esforço para melhorar a qualidade de vida da população, criando, por meio da educação, da saúde e da segurança, condições para o aumento de renda e da qualidade da mão de obra.

Uma empresa que tem uma correta e boa política social cria diferenciais de competitividade. A Gerdau foi pioneira, por exemplo, na participação nos lucros, na assistência médica às famílias e na oferta de cursos e treinamentos que abriam portas para o crescimento profissional. Uma política global da atividade econômica tem de obedecer ao aspecto social e analisá-lo antes que as pressões e reivindicações desestabilizem a harmonia das comunidades, gerando desagregação de valor humano e econômico.

Estudos realizados em Harvard acrescentaram ao tripé as sustentabilidades cultural e política. Isso evidencia que o processo global econômico, social e ambiental passa por uma boa estrutura política. Também explica por que sucessos aparentes e circunstanciais de governos autoritários não são sustentáveis.

O processo mais amplo depende de equilíbrio. A internacionalização dos fluxos financeiros e a alocação de capitais funcionam em função de sustentabilidades políticas. No Brasil, sabemos claramente como nossa balança cambial tem momentos de elevação ou redução de fluxos de investimentos, e isso tem consequências enormes em toda a nossa capacidade competitiva. Vemos quanto o

Brasil depende hoje da viabilidade da atividade primária, com suas tecnologias e competitividade. O fator político tem um peso cada vez maior nesse sistema de sustentabilidades. Temos fenômenos de tomada de riscos com perdas pela insuficiente análise do risco político nas comercializações ou investimentos.

A sustentabilidade passa pelos níveis de educação, pois não se atende às exigências da moderna economia ou do consumidor atual sem que haja uma base cultural forte, que contemple, por meio de investimentos, a dimensão e a sensibilidade do consumidor, seja nacional, regional ou internacionalmente. A cultura é, ao mesmo tempo, definidora e resultado das modificações comportamentais dos consumidores em regiões e realidades humanas diferentes. Não acredito que possa haver alto desenvolvimento econômico e social se não houver um laço cultural que possa entender e gerenciar esse equilíbrio. Sem cultura não se faz desenvolvimento pleno.

Para resumir estas reflexões sobre sustentabilidade, eu diria que a harmonia plena das atividades depende desse sistema formado pelas sustentabilidades "econômica, socia, ambiental, política e cultural" – tudo isso tendo como base a plena compreensão e o pleno domínio do *core business* da empresa.

Ditos populares algumas vezes reproduzem estereótipos sem muita profundidade, mas, mesmo assim, carregam uma dose importante de sabedoria. "Pai rico, filho nobre e neto pobre" é um desses casos. É comum que as novas gerações percam o domínio e a vivência do *core business* da empresa, o que gera uma perda de competência de gestão. O chão de fábrica e o balcão da loja sempre foram e sempre serão uma escola insubstituível, mesmo em tempo de relações digitais.

Vejo que muitos cursos de gestão com renome e reconhecimento focam aspectos importantes, como recursos humanos, finanças, logísticas etc. Mas as estruturas acadêmicas, em geral, não tratam o *core business* com a profundidade necessária. Ele é definidor do sucesso das empresas.

## THC

Essa sigla é uma simplificação absoluta do equilíbrio que deve existir em uma equipe, empresa ou qualquer instituição: as competências técnicas, humanas e conceituais.

Mesmo com as facilidades de acesso à informação geradas pela tecnologia, a complexidade em relação à harmonização desses fatores persiste. Vou analisar o tema de uma forma extremamente simples, baseado em diálogos com profissionais em debates sobre carreiras, pelo que vi e aprendi nos comportamentos dentro da empresa e dentro da comunidade mais ampla.

Uma forma de medir a competência técnica é se perguntar como está a sua evolução tecnológica em função da evolução do mundo e que nota você daria para sua capacitação em relação ao que você era em um tempo passado, que pode ser um, cinco ou dez anos.

Para que essa capacidade técnica do gestor ou colaborador operacional possa se potencializar, é fundamental desenvolver a competência humana e a capacidade de trabalhar em equipe.

A liderança e o espírito de formação de equipe que trabalha em conjunto são aspectos que diferenciam um time. Um fator de harmonização e convergência é a definição clara dos propósitos, do ponto em que se quer chegar e por que se quer chegar lá. Em termos práticos, a eficiência tecnológica não pode andar sem a eficiência da competência humana. É uma via de mão dupla: a competência humana não é eficiente sem a evolução das tecnologias para potencializar crescimento e desenvolvimento. E a tecnologia para nada serve sem que as pessoas estejam no centro dos processos.

Certa vez eu conversava com um profissional sobre esse tema. Fiz uma brincadeira, mas que guarda um fundo de verdade. Se, em uma escala de 1 a 10, eu tiver 8 na competência técnica e, na competência humana, tiver uma nota 4, a soma dá 12. Temos uma média 6, suficiente para passar, com pouca margem. Mas, a meu ver, esses dois fatores não se somam, e sim se multiplicam. Então, 8x4 é 32. Pouco para o potencial de 10x10, que é 100.

O impacto das novas tecnologias é caracterizado pela aceleração. São fenômenos que acontecem com uma rapidez fantástica. A atenção e a capacitação dos recursos humanos para uso das tecnologias trazem um potencial de economia e produtividade enorme. O novo mundo exige uma mudança de atitude empresarial. Nesse contexto, a integração entre as equipes e pessoas com mais tempo de empresa e as novas, que dominam essa nova lógica, é fundamental. Integrar a cultura histórica com as novas tecnologias é um desafio na construção da sustentabilidade. Uma conta simples ilustra essa realidade. Vamos considerar 100% como um patamar muito bom. Se um ambiente ruim de trabalho baixa a produtividade em 30% e um bom ambiente aumenta em 30%, o que é bem próximo da realidade, temos uma diferença de mais de 85% entre os 70% alcançados com o ambiente ruim e os 130% obtidos com um ambiente ótimo.

A competência conceitual é a mais complexa, porque exige o uso dos conhecimentos e das experiências ajustados aos cenários externos. São eles que definem conceitualmente qual o modo de agir e de decidir. Vale para qualquer tipo de atividade, sempre é bom frisar. Na minha experiência, tenho percebido que as pessoas que se consideram grandes especialistas no campo conceitual são, na verdade, as que menos entendem a essência desse desafio. Quem tem capacidade de análise conceitual profunda, em geral, é extremamente cuidadoso e modesto, porque sabe que esse é um campo tremendamente complexo.

*“A responsabilidade com o cliente é uma peça-chave para a sustentabilidade e a perpetuidade das relações.”*

O conceitual exige meditação, análise e paciência para que não se erre. Pessoalmente preocupado com isso, reconheço que a intuição pode ajudar muito. Esse é um aprendizado constante. Dentro de todo esse processo do THC, só cabe uma atitude: humildade. Sem isso, os erros em geral são gravíssimos e difíceis de corrigir. A dimensão conceitual existe em praticamente tudo o que fazemos, nos processos empresariais, nos partidos políticos e nas relações familiares. Sempre tive a ajuda de três ferramentas: trabalho árduo, muito ouvido e paciência.

## O DEVER DA TRANSPARÊNCIA

Do modo como vejo, transparência tem a ver com coerência. Exige sincronia entre palavras e ações, além de humildade para reconhecer e corrigir erros. A transparência é definidora do estágio de desenvolvimento educativo e cultural de uma sociedade. Não é favor. É dever, seja de um indivíduo, seja de uma instituição do terceiro setor, seja de uma empresa ou de um governo.

Historicamente, essa palavra era pouco utilizada e não fazia parte das práticas empresariais e comerciais. Comecei a me capacitar nessa área nas aberturas de capital da Gerdau. A primeira foi com o grupo Crescinco, um fundo criado no Brasil, em 1957, pelo grupo Rockefeller. Foi um passo muito importante. O Crescinco nasceu como uma empresa brasileira com o objetivo de iniciar o processo de abertura de capitais no país, e depois veio a trabalhar conjuntamente com o grupo Moreira Sales/Unibanco.

Foi naquele período que realmente tive de me desenvolver dentro dessa cultura de transparência. Nosso pai, inspetor-geral para a América Latina do Deutsche Bank, tinha isso para si de uma forma muito clara, e indiscutivelmente nos propiciou esse desenvolvimento e essa capacitação. Hoje, quando vejo as resistências que existem, principalmente no setor público, tenho ainda mais convicção de que é preciso fazer um esforço político pela plena transparência.

A democratização total da gestão pública é da maior importância, somada à transparência das empresas privadas, que já evoluiu de uma forma bastante importante. Mas ainda devemos avançar, especialmente nas entidades do terceiro setor ou mesmo em clubes sociais e de futebol. Aí existe um espaço enorme de aprimoramento. Assim como acontece com o respeito, a cultura de saber trabalhar com transparência é um capítulo que ainda tem de ser consolidado e aprendido de maneira mais forte.

Trabalhar com transparência, principalmente nos temas de interesse de terceiros, é uma peça-chave na construção do desenvolvimento. É por isso que respeito e transparência são definidores do estágio de desenvolvimento educativo e cultural de uma nação, e o empenho deve ser de todos no sentido de que sejam realmente incorporados como absolutamente necessários para o pleno desenvolvimento político e social do país.

## ÍNDICE DE UTILIDADE

Dentro das análises realizadas em meus trabalhos, para caracterizar elementos que me orientam e ajudam a equacionar minhas atividades e responsabilidades, desenvolvi um conceito que chamo de Índice de Utilidade. É um indicativo eficiente para medir sucesso. Gosto sempre de reafirmar que cada um tem a sua fórmula. Não há um único caminho, há uma busca pessoal, que deve ser orientada por valores humanos e éticos.

Em diversos processos ou atividades que realizamos, há diferentes níveis de utilidade. A busca pela felicidade é uma constante, permeando nossos relacionamentos, trabalhos e outras atividades. Muitas vezes, o objetivo de ganhar dinheiro torna-se um fim em si mesmo, mas acredito que o dinheiro seja, na verdade, um meio para atingir nossos objetivos e para ajudar no crescimento do todo. É fundamental analisar constantemente se as atividades que realizamos são úteis e contribuem para nossa felicidade, para a coletividade e para o futuro. O Índice de Utilidade pode ser definido pela relação entre o valor de uma ação ou atitude e seus impactos em dimensões diferentes e complementares de nossa vida.

**Utilidade Pessoal:** indica a satisfação pessoal, o bem-estar espiritual e emocional derivados da atividade. Essa é uma dimensão importante. Não é um fim em si mesma, mas uma motivação para fazer mais e melhor. A satisfação pessoal não é um troféu, mas sim um combustível.

**Utilidade Coletiva:** impacto positivo na coletividade, incluindo família, amigos e sociedade. Mais uma vez, o que define "positivo" são resultados alinhados com valores e propósitos.

**Utilidade Sustentável:** impacto em termos de sustentabilidades econômica, social, ambiental, política e cultural, considerando o conceito de "sistema de sustentabilidades" (ver página 149). Aqui a ênfase é sobre as consequências futuras dos nossos atos e decisões. Ser útil hoje só faz sentido se significar um compromisso com a perenidade de valores éticos e humanos. O Índice de Utilidade é uma ferramenta poderosa para avaliar e julgar a relevância e o impacto das atividades que realizamos em nossa vida. Ele nos permite identificar quais ações contribuem mais significativamente para nossa felicidade, para a coletividade e para o futuro. Quanto mais útil for a atividade a que me proponho participar, que me proponho construir ou pela qual optar, mais alinhada ela estará com minha busca pela excelência, pela utilidade e pela felicidade.

*“A busca pela felicidade é uma constante, permeando nossos relacionamentos, trabalhos e outras atividades.”*

**A BUSCA** | JORGE GERDAU

Empregar o Índice de Utilidade como um guia pode nos ajudar a focar atividades que realmente importam, evitando aquelas que, apesar de demandarem tempo e esforço, não trazem resultados satisfatórios. Já que estamos falando em uma busca, o Índice de Utilidade é, sem dúvidas, uma ótima bússola.

Por isso agradeço a todas as instituições que possibilitaram e me possibilitam ser útil: Academia Brasileira de Qualidade, Academia Internacional de Qualidade, Agenda 2020, Fundação Bienal do Mercosul, Fundação Iberê Camargo, Confederação Brasileira de Hipismo – presidente –, Federação Equestre Internacional – representante da América Latina –, Grupo Convergência, Grupo Parlatório, Grupo Unidos Pelo Brasil, Hospital Moinhos de Vento – conselheiro –, Instituto Aço Brasil, Instituto Brasil Paralelo, Instituto de Estudos Empresariais, Instituto Liberal, Instituto Millenium, Instituto Sivis, Junior Achievement, Movimento Brasil Competitivo, Parceiros Voluntários, Pontifícia Universidade Católica do RS, Programa Gaúcho da Qualidade e Produtividade, Santa Casa de Misericórdia de Porto Alegre, Sociedade Hípica Porto Alegrense, Starboard, Todos pela Educação e Transforma RS.

É assim que vivo a minha busca.

# AS 23 PALAVRAS QUE DEFINEM JORGE GERDAU

Na parte final deste livro, resumo os aprendizados da minha busca pessoal e profissional em 23 palavras. Elas são a base e o resultado de tudo o que fiz e vivi.

Tento, desta forma, mostrar como determinados valores ou princípios, traduzidos na forma de conceitos, moldaram o desenvolvimento da história da minha família e como, ao transmitir esses valores para a minha geração, eles se mostraram bem duráveis e, certamente, universais. Assim, a partir da experiência descrita e vivida em função desses valores ou princípios, cada leitor poderá extrair aquilo que entender ser útil para si, no momento da vida em que estiver.

Sintetizo aqui a minha definição para cada uma das 23 palavras que nortearam e norteiam a minha busca:

## 1. RESPEITO

Dificilmente se encontrará outra palavra que tenha estas dimensões ou que seja mais importante. O respeito se expressa nas menores e maiores coisas: na família, na relação com colegas de trabalho, com os meus concorrentes, no trânsito e até mesmo com os adversários mais ferrenhos. Respeito, no fundo, pressupõe a consciência da importância de cada indivíduo e o exercício dos nossos limites éticos, morais e legais. É o caminho para a construção de um futuro melhor.

## 2. AUSTERIDADE

Tem a ver com disciplina, e não com privação. Ser fiel aos seus princípios é um caminho que conduz à felicidade e à prosperidade. Para isso, é fundamental refletir sobre o que é realmente importante e o que é, de verdade, o suficiente.

## 3. BUSCA

É uma inquietação, resultado da necessidade de melhorar sempre, cada um na sua dimensão. É o antiacomodamento que nasce da curiosidade. Define o desenvolvimento individual e coletivo. Buscar é uma ponte que liga o passado, o presente e o futuro.

## 4. COMUNIDADE

O respeito ao indivíduo, às suas liberdades e ao seu direito à felicidade só estará completo quando entendermos que existe uma dimensão de relação com o próximo.

## 5. EDUCAÇÃO

É responsabilidade coletiva e de cada um. Quando as máquinas e os sistemas como a inteligência artificial avançam na realização de trabalhos até então exclusivos dos humanos, educar adquire um significado ainda maior. O abismo educacional entre pessoas e sociedades é improdutivo e injusto. Não é uma questão ideológica, mas de ética, de inteligência de mercado e de humanidade. Por isso, políticas sociais que geram oportunidades precisam ser prioridade, não apenas no discurso, mas também na prática. A educação define o futuro das pessoas e do país.

## 6. ESPIRITUALIDADE

É ela que, no fundo, serve de base para os valores que movem toda a relação da pessoa com a sua comunidade. É a espiritualidade que molda a nossa dimensão humana, a percepção pessoal e a organização da vida. Pela espiritualidade temos como encontrar nosso caminho.

## 7. EXCELÊNCIA

É uma profunda motivação para buscar o que há de melhor, mas não pode ser alcançada sem uma noção de equilíbrio e sustentabilidade. Ela é que nos move.

## 8. FAMÍLIA

O núcleo familiar, em primeira instância, é o ambiente em que uma das matérias-primas fundamentais da sociedade é transmitida: os valores. Nada consegue ser maior do que o apoio da família. É o principal instrumento para a sustentabilidade social.

## 9. FÉ

Gosto das citações de Napoleon Hill no livro *Mais Esperto que o Diabo*: "Fé é a ausência de qualquer pensamento negativo, é a definição de propósito amparada pela crença na obtenção do objetivo desse propósito". Não é apenas acreditar, mas também definir no que acreditar e por que acreditar. É com a fé que alcançamos os nossos propósitos.

## 10. FUTURO

É impossível enxergar o que está na frente sem olhar para trás e buscar, nas raízes e nas origens, a base sólida que dá segurança para a caminhada. Se o futuro é sonho, ele jamais se materializará sem planejamento, disciplina e propósitos claros. Quando tudo isso existe, até a sorte ajuda. Sem visão de futuro, não há evolução.

## 11. GOVERNANÇA

Organizar para alcançar objetivos. Começa na família, na gestão do lar, e se estende a empresas, corporações, governos e, embora pareça para alguns algo muito vago, ao futuro do planeta que habitamos. A governança define o sucesso.

## 12. GENEROSIDADE

É um modo de expressar uma atitude construtiva de forma geral, em qualquer campo. Generosidade significa disposição de ouvir, trabalhar, unir, construir e melhorar. É fator decisivo para a realização de qualquer propósito maior.

## 13. HUMILDADE

Quem se acha gênio ou superior perde a capacidade de aprender. É cada vez mais importante continuar aprendendo, aprendendo e aprendendo. Se você não tiver humildade para ouvir, ver e sentir, não saberá o que dizer. Quando vejo pessoas que alcançam algum resultado e começam a ter indicativos de falta de humildade, meu sentimento é de pena: elas limitam o seu teto.

## 14. LIBERDADE

É essencial para o desenvolvimento individual e coletivo. Definir seus limites tem sido um dos grandes desafios através dos tempos. Se a liberdade é um direito natural, seu exercício pleno depende da educação. Nessa perspectiva, o futuro nada mais é do que a construção dos nossos sonhos de hoje para as próximas gerações. A liberdade é a ponte entre o sonho e a realidade. Temos de saber diferenciar a liberdade orientada para o bem da liberdade orientada para o mal.

## 15. PESSOAS

O ser humano sempre foi e sempre será o centro de tudo. Não de uma forma egoísta, mas trabalhando pela compreensão de que felicidade e bem-estar têm dimensões individuais e coletivas, inseparáveis e necessárias para o desenvolvimento social e econômico.

## 16. PLENITUDE

Não é ter tudo. É ser completo, é focar o essencial. A conexão com a família, com a natureza, com os valores, com a espiritualidade e com os amigos nos ensina a diferença entre os meios e o fim. Sem plenitude, nos limitamos.

## 17. PROPÓSITO

É encontrar, aceitar e trabalhar, com prazos e metas, por aquilo que nos motiva a sair da cama todas as manhãs e a voltar a ela para descansar e ter energia para fazer cada vez mais e melhor. É a definição de aonde queremos chegar.

## 18. RESULTADOS

Na natureza, um animal caça para alimentar seus filhotes. Tudo, da sua anatomia ao seu desempenho prático, está voltado para os resultados: sobreviver, prosperar e procriar. Nós, humanos, evoluímos. A busca de resultados deve ser balizada por valores sólidos, que incluem o respeito, a transparência, o sentido de comunidade e a preocupação com a sustentabilidade e com o futuro. Os resultados nos mostram a assertividade na nossa caminhada.

## 19. SAÚDE

Estamos vivendo mais e melhor. A compreensão da saúde como um processo amplo, que vai além da ausência de doenças, significa um enorme avanço. Para cuidar dos outros, cada um deve, sempre, cuidar de si, o que no fundo é a mesma coisa. Cuidar da saúde é, na verdade, cuidar dos problemas antes que eles apareçam.

## 20. SIMPLICIDADE

Ser compreendido é mais importante do que mostrar que sabe. Quando adotamos esse preceito como um guia nas nossas vidas, fica mais fácil conectar ideias e ações aos nossos propósitos superiores. É o melhor caminho para tudo.

## 21. SUSTENTABILIDADE

Buscar o resultado hoje sem comprometer o amanhã. Para tanto, devemos aceitar a noção de que esse compromisso se manifesta através de um sistema interdependente: as sustentabilidades econômica, social, ambiental, política e cultural funcionam como um móbile.

Ao mover uma peça, todas se movimentam. Mas, se uma estiver trancada, nada se mexe. Um resultado ótimo hoje que comprometa o futuro é, na verdade, uma desagregação de valor. Essa não é uma fórmula fixa, porque depende da peculiaridade de cada negócio, do momento e da conjuntura na qual está inserido. Sem sustentabilidade não há viabilidade.

## 22. TRANSPARÊNCIA

Tem a ver com coerência. Exige sincronia entre palavras e ações, além de humildade para reconhecer e corrigir erros. A transparência é definidora do estágio de desenvolvimento educativo e cultural de uma sociedade. Não é favor. É dever, seja de um indivíduo, seja de uma instituição do terceiro setor, de uma empresa ou de um governo. A falta de transparência define o limite.

## 23. AMOR

É o que dá a dimensão das nossas atitudes. Defini-lo apenas como um sentimento não é errado, mas é incompleto. O amor é, acima de tudo, o que se faz a partir dele. Sem amor não se chega lá. É a chave de ouro para todas as palavras definidas anteriormente.

## AS SUAS PALAVRAS

Cada um, na sua dimensão, tem potencial de desenvolvimento e de crescimento. Não há fórmula única para quem acredita na força do indivíduo e no respeito à liberdade de cada um. Por isso, encerro este livro propondo um exercício simples.

Escreva a seguir as palavras que o definem. Deixei 23 espaços, mas podem ser utilizados mais, ou menos.

Talvez essa não seja uma reflexão fácil, que pode ser completada em cinco minutos. Não há resposta certa ou errada. Há *as suas respostas*.

Aproveite a jornada. Aproveite a busca. Ela, sempre, está apenas começando.

1.
2.
3.
4.
5.
6.
7.
8.
9.
10.
11.
12.
13.
14.
15.
16.
17.
18.
19.
20.
21.
22.
23.

# POSFÁCIO

A escolha do jornalista Tulio Milman para a construção desta obra foi, a meu ver, extremamente acertada. Temos, indiscutivelmente, uma enorme identificação em diversos pontos de vista, tanto técnicos quanto culturais, o que muito contribuiu para a elaboração do texto. Eu costumava realizar minhas gravações de forma relativamente rápida, aproveitando os recursos tecnológicos disponíveis, e em poucos minutos o texto ditado já estava em minhas mãos. No entanto, o verdadeiro trabalho estava em revisar e reequilibrar o conteúdo, garantindo um balanceamento adequado entre os diversos setores do livro e suas explicações.

Meu convite ao Tulio também se fundamentou em décadas de leitura de seus textos no jornal *Zero Hora*. Sempre admirei sua capacidade de fazer uma análise crítica profunda, construtiva e estimulante, que convida à reflexão, mas sem cair no negativismo. Essa abordagem foi um dos motivos que me levaram a convidá-lo para este projeto. Eu temia que minha visão, por vezes mais radical, pudesse direcionar a obra para um tom excessivamente crítico, o que não era meu objetivo. Queria que o livro fosse construtivo, e não destrutivo.

Tulio foi excepcional em sua colaboração. Ao longo de nosso trabalho conjunto, conseguimos alinhar nossos valores de forma altamente satisfatória. Gostaria de destacar que, em meio às muitas realizações e temas abordados, eu ainda tinha dúvidas sobre se esses elementos isolados seriam suficientes para transmitir plenamente minha visão política e social. A partir de nossos debates, surgiu a ideia de utilizar palavras-chave que, ao serem definidas e explicadas, pudessem expressar de forma clara meus conceitos, valores e ideias sobre responsabilidade social, participação comunitária e busca por eficiência no trabalho, além das relações entre o desenvolvimento do Estado, do país e até mesmo do mundo.

Agradeço profundamente ao Tulio pela sua inteligência e dedicação. Ele foi uma peça fundamental na construção deste livro. Apesar de toda a colaboração, ele sempre respeitou e manteve claros os meus pensamentos e objetivos, enriquecendo-os com debates e análises cuidadosas. Nosso processo de trabalho, embora dinâmico graças às novas tecnologias, foi sempre muito criterioso. Foram centenas de horas de conversas e discussões que aprimoraram o projeto de forma significativa. Não tenho palavras para agradecer a participação de Tulio. Ele foi, sem dúvida, um grande parceiro na realização desta obra, e sou imensamente grato.